靈修著作精選 | 盧雲系列 |

和平篇章

禱告、抵抗、羣體

盧雲 著
譚偉光 譯

基道出版社

▼

靈修著作精選 • 盧雲系列

和平篇章

禱告、抵抗、羣體

Peacework

Prayer, Resistance, Community

作者

盧雲 Henri J.M. Nouwen

譯者

譚偉光

責任編輯

李慧儀

內文設計

陳琦

封面設計

ALPHA Creation

■

出版／發行

基道出版社

香港沙田火炭坳背灣街 26 號富騰工業中心 10 樓 1011 室

LOGOS PUBLISHERS

Unit 1011, 10/F, Fo Tan Ind. Centre, 26 Au Pui Wan St., Shatin, Hong Kong

電話：(852) 2687-0331　傳真：(852) 2687-0281

網址：https://www.logos.com.hk

承印

陽光 (彩美) 印刷有限公司

●

4/2007 初版　8/2014 二版

Cat. No. LP624-2A

ISBN: 978-962-457-325-1

刷次	10	9	8	7	6	5	4	3	2	
年份	2029	2028	2027	2026	2025	2024	2023	2022	2021	2020

目錄

前言

盧雲是我們時代其中一位最著名的靈修作家，在一九九六年他離開人世前，出版了一系列有關屬靈生命、禱告、獨處、聖餐和死亡的書籍，這批書籍小巧易明，啟迪了千萬讀者的心靈。在很大程度上，他的作品印證了梵蒂岡第二次大公會議後天主教會對耶穌和聖經的全新關注。

然而，最使我對盧雲這個人感到好奇的，是他怎樣在個人掙扎中活出這些字句，怎樣在他那些冠冕堂皇的屬靈洞見與日常生活那種崎嶇不平的現實之間取得關聯，怎樣在個人生命和這個世界中把福音付諸實行。像任何人一樣，這種掙扎令盧雲苦不堪言。這意味著他要摸著石頭過河，才能尋見上帝為他在這個世界預留的那片地。一位荷蘭裔的神父和心理學家，成為一位甚有名氣的著者和演講家，並且在聖母大學、耶魯大學和哈佛大學等學府中成為著名教授。然而，就在事業如日中天的時候，他毅然踏出學術界，著手探索自己生命的各種可能——熙篤會修士或是拉丁美洲宣教士——最後他走到多倫多，加入了「方舟團體」，服事一羣傷殘人士。盧雲嘗試依據福音價值來過活，藉此與世界打交道。就我而言，這種鮮為人採納的生活實踐更加突顯了一個更為真實的靈性生命。

盧雲並沒有對世界的苦難和暴力視若無睹，一切他也看在眼裏，並奉上仁愛、治療，與和平的字句。驟眼看來，這些字句或許只是一種情緒表達，然而，它們卻深深植根於一種紮實的社會及政治靈性中。他知道作為一位耶穌的跟隨者，需要首先尋求上帝和平與公義的統治，他的靈修著作必須反映上帝統治的所有層面——不單在個人救恩上，也在乎社會及整個世界的轉化和更新。就是這種廣闊視域叫盧雲的著作與眾不同。

論及靈性的書籍比比皆是，也有不少靈性導師以各種方法追求所謂的「靈性生命」。然而，我作為一位嘗試致力推動和平與爭取公義超過二十五年的耶穌會修士，發現他們大多數人都捉錯了用神，因為他們沒有提及戰爭、核武、貧窮、饑荒、愛滋病等所引致的全球性危機，以及環境破壞所帶來的威脅。這些所謂的「政治議題」委實生死攸關，是急待處理的靈性課題，這說明了為何耶穌會如此熱心地獻身於為貧窮人爭取公義，以及上帝在地上建立和平國度的異象；也說明了何以祂矢志組織一個和平使者的羣體，這個羣體將要對抗擺在前頭那種制度化、帝國化的不公義，正如祂所作的一樣。

公開對抗邪惡和締造世界和平是每個真實靈命的核心，只可惜在我們當中只有寥寥數人把這邊廂的靈命，與那邊廂的戰爭、貧窮和核武作出不可或缺的關聯。我們大多數人都將私人的屬靈經驗從商業活動、選舉政治、炸彈襲擊，和國土「安全」的「真實世界」中脫鈎。或許我們不想製造麻煩、分裂會眾，或冒著被別人指摘不愛國的風險。然而，我們卻不曾領悟到，我們在全球性暴力面前所表現出來的順服和沉默，已公然地放棄了耶穌那種非暴力式的先知見證。我們不再與上帝的公義與和平統治站在同一陣線，反倒選擇投靠戰爭與全球性不公義的一方。一切維持現狀，彷似今天我們為了撰寫或宣講有關禱告與靈修的課題時，便需要拐過伊拉克戰事、中東地區的暴力浪潮、洛斯阿拉莫斯(Los Alamos)國家實驗室所不斷研發的核子武器，這些用於軍事上的開支逼令聯邦政府大幅削減教育、就業、住屋、糧食和醫療的預算。文化告訴我們，這些事情縱然叫人悲痛，卻不會打擾我們的屬靈生命，我們的私禱與從每天早報所讀到的恐怖事件之間並無任何關聯。

藉著這本書，盧雲堅持兩者之間確有關聯。他把自己對上帝的個人經歷、對教牧心理學的洞見，以及對作為基督門徒的理解，不單與周遭貧窮和破碎的處境，更與我們時代的全球性不公義拉上關係。對於盧雲來說，這些洞見是他個人靈程的結果，這段靈程遠在他撰寫這本書之前便已展開，直至他離世的一刻。

六〇年代，盧雲駕車南下，聯同馬丁．路德．金博士(Martin Luther King)及其他人，參加了在塞爾瑪(Selma)發起的大遊行，這次遊行成為民權鬥爭的轉捩點。不久後他舊地重遊，卻是為了與成千上萬的羣眾出席金博士的喪禮。七〇年代，他多次在反戰大集會中發表演講，又監督位於康涅狄格州三叉戟核潛艇基地的和平活動。八〇年代，他走到尼加拉瓜和危地馬拉的戰事區域，在全國作出巡迴演講，抗議列根支持反對派系參戰和核武軍事競賽的政策，他又加入了內華達核武測試場(Nevada Nuclear Weapons Test Site)的抗議組織。在一九九一年一月十四日，就是第一次海灣戰爭的前夕，盧雲向首都華盛頓成千上萬的羣眾發表演說，譴責即將展開的戰事，並且號召基督徒堅站和平一方。「我愈來愈體會到，」他在這次事件不久後寫信給我，「在一個如此急於以暴易暴的世界裏，要徹徹底底地宣揚耶穌的平安是何等的困難。」

盧雲知道是他的屬靈生命召喚他去為和平努力。假如他要完成上帝愛子的召命的話，他需要成為一位和平使者，在這個充滿戰爭的世界裏為和平發聲。在九○年代初期，當我因著反核示威而身繫囹圄的時候，盧雲給我寫了數封帶有鼓勵的長信，他告訴我他也在嘗試堅守和平，並且意識到他在方舟團體所作的事情，正正是反戰爭、反核武的見證，他渴望參與正在茁壯成長的非暴力和裁軍運動。他甚至告訴我為了表明他對戰爭與軍備的非暴力抗爭立場，他不惜冒著被捕與下監的風險。若非刻意忽略的話，我認為盧雲那種為著和平與公義而甘願犧牲的立場，仍然受到很大程度上的誤解。對我而言，盧雲的立場帶出了一個很重要的分野，使他的著作變得忠誠可靠——他置身於貧窮人與被社會排斥的人當中，他切實地投身於各個爭取公義與和平的運動，以及他多番反對其時代數場戰爭的公開言論。

盧雲嘗試活出一種和平的生活，推廣和平的視域，教導和平之道。在八○年代早期，正值冷戰衝突不斷升溫的時候，他寫了這本小書，作為對教會及和平運動的一點貢獻，以致那些為和平示威和發表言論的人，能夠把他們的行動植根在和平的核心之中：這個和平核心就在耶穌裏，因祂是和平上帝的真像，並且在祂的聖靈之中。他沒有提及太多政治藍圖，像提及內在屬靈藍圖一樣。他認為能夠把人性從全球性毀滅邊緣拉回來的方法，就只有透過那種緊隨社會、政治和經濟轉化而來的內在心靈回轉。

雖然部分手稿早在一間小型教會的刊物中刊載，但盧雲卻從沒打算把全稿付梓出來。《和平路上》於一九九六年盧雲突然離世之後出版。在該書中，我集結了他一些關於和平與公義的文章，當中包括這份手稿的不少部分。然而，《和平篇章》的全部內文還包括論及羣體的那部分和最後結論，都是首次發表的。

假如盧雲還在世的話，他必然會更新或修訂這份文稿，又或對締造和平的靈性課題增添其他元素。在遷往方舟團體的幾年後，他寫了一本小冊子《和平小徑》("The Path to Peace")，當中他繼續埋首有關和平的屬靈課題，在禱告、抵抗和羣體以外，他加添了一項元素：從軟弱者、傷患者、貧窮者和遭受排斥者身上領受和平的禮物。他是從方舟團體的經歷中學會這門功課，特別是從與黎明之家那位嚴重傷殘的年輕人亞當的交往中學回來的。盧雲解釋說，貧窮人教曉我們有關世界上的苦難和不公義，然而，很多時候，他們都給我們分享著上帝和平的禮物，根據八福所說，他們是這份禮物的第一批受眾。(要歸納盧雲對締造和平的屬靈領悟，最好能夠把那本小冊子，包括《尋找回家路》的結集，和手頭上這本著作一併閱讀。)

在這些充滿恐懼、憂慮、戰爭與恐怖主義的艱難時刻中，我們實在比以前更加需要盧雲關乎和平的信息。在二十年的寫作生涯中，盧雲那句「惶恐之家」仍舊是對今天世界一個恰如其分的描述。盧雲藉著字裏行間那份全新的催迫感呼喚我們離開惶恐之家，踏上前往愛與和平之家的路途，並且邀請我們所有人透過禱告、抵抗與羣體為和平工作。

雖然盧雲那種和平屬靈觀在後九一一世界中或會被認為不設實際、天真無知和異想天開而遭受摒棄，但是他所寫的卻是聖經的觀點。作為一位屬靈追尋者和導師，盧雲知道上帝是那位和平的上帝，因此，上帝希望我們「將刀打成犁頭」，並且「不再學習戰事」。他看到耶穌走在和平小徑上，渴望門徒能夠像他一樣成為和平使者。當他在山上宣講聖訓時說：「使人和睦的人有福了！因為他們必稱為上帝的兒子。」盧雲在結論時勇敢地寫道，這些說話已「成為今天基督徒生命的重要字句」。如果我們想在靈命上成熟一點，想成為耶穌忠誠的門徒，他解釋說，我們便得站起來，不去理會其他人怎麼說，都要對抗戰爭文化並成為一位和平使者。盧雲總結說：「今天要過一個在基督靈裏的生命，」就是「選擇一種活在這個世界上，而又不向毀滅勢力賣帳的生活方式」。自從盧雲寫下這些說話後，這些年來，已沒有甚麼能淡化這個挑戰所帶來的迫切性。

我盼望會有許多讀者能夠深思盧雲的默想，把它放在心上，重申和平智慧在其社會及政治層面上的含義。最重要的是這些讀者能夠為和平踏出勇敢的闊步，就如盧雲所作的，公開地發表反戰的聲音、為著反對核武而遊行示威，並且參與非暴力改革社會運動。正如盧雲生命所展現的，假如我們夠膽踏上這段屬靈之旅，以一把為著和平呼喊的聲音臨在這場激烈抗爭中的話，我們的靈性只會愈發進深，而我們的生命也會結出美好的果子。

如果我們實踐和平與非暴力的福音靈性的話，正如盧雲所教導的，我們會發現自己真的是上帝至愛的兒女。這份基督平安的福氣就是屬靈生命的全部意義。

約翰．迪爾 (John Dear)

聖方濟節

二○○四年十月四日

馬德里，新墨西哥州

引言

我與那恨惡和睦的人許久同住。

我願和睦，但我發言，他們就要爭戰。

(詩一二〇6～7)

一九四五年八月六日，就是首次在戰爭中使用原子彈的那一天，締造和平出現了一個前所未有的新含義：拯救人類避免走向集體自殺的任務。一九四五年八月六日那一天，當基督徒在他泊山上歡慶耶穌登山變像之際，核武時代卻也徐徐地降下帷幕，一道閃光把廣島市化為灰燼，讓十二萬五千名居民賠上性命。就在那天，給予和平使者奉上祝福就是給我們這個世代奉上祝福。廣島市的大爆炸以及隨之而來的核武軍備競賽，使締造和平成為基督徒的首要任務。誠然，教會尚有許多工作刻不容緩：崇拜事工、廣傳福音、教會合一、紓緩全球性的貧窮與飢餓，以及捍衛人權等等。然而，這一切工作都與置於它們以上的一項任務緊密相連：締造和平。今天的所謂和平使命，就是要給人類一個將來，讓我們的生命仍可在這個星球上延續下去。

耶穌在山上寶訓中所宣告的八福，每一福都適用於所有時代和所有人。然而，有些時候某一福所發出的呼喚卻比其他福來得響亮。在十三世紀時，聖法蘭西斯把貧窮人的福氣置於台前，到了十九世紀，不少聖者和有遠見的人把新焦點放置在清心者的福氣上。至於我們這個世代，無疑已經到了使人和睦者的世代。傳道者說：「凡事都有定期，天下萬務都有定時……靜默有時，言語有時……爭戰有時，和好有時。」(傳三1、7～8)這是替和平說話的時候了，假如我們沒有意會到這一點，將來便不會再有任何時辰了，因為失去和平就是失去了生命。倘若將來還有人會記念這個世代的話，就是記念那些為著和平之故而獻上自己的人。

在這些反思中，我希望說明和平使命再不能被視為基督徒的外圍事件，這與參加某個教區詩班不同，沒有人能夠成為一個基督徒的同時而不成為一個和平使者，締造和平不等於我們偶爾關心一下反戰的課題，甚或我們願意付出部分時間去參與一些和平活動。我們是被呼喚去活出一種締造和平的**生活**，我們的所作、所講、所思、所夢都關乎怎樣給這個世界帶來和平。正如耶穌那彼此相愛的命令一樣，我們絕不能視之為一項部分時間的道義任務，它需要我們全情投入。同樣地，耶穌呼召我們去使人和睦，也是無條件、無界限，和無妥協餘地的。無一例外！這不局限於那些在政治及軍事問題上能當重任的專家，也不限於那些投身印製宣傳單張、遊行示威，和公民抗命的激進分子。沒有專家或激進分子能夠消除每個基督徒作為和平使者那無可推諉的天職。締造和平是一個全時間的天職，包括上帝子民中的每一個成員。

假如所有基督徒——大洋洲、亞洲、歐洲、非洲、北美洲和南美洲——都能夠毫無保留地投身於和平使命的話，這個世界將會變成怎樣呢？假如所有基督徒——年青的、中年的或年老的——在言語和行動上都能夠高聲地、清晰地表達「我們支持和平」的話，這個世界將會變成怎樣呢？又假如所有基督徒——更正教徒、天主教徒、東正教徒——能夠一同見證耶穌就是那位和平之君的話，這個世界將會變成怎樣呢？這種良知共識會帶來甚麼結果？我們是否仍會每月花費數以億計的金錢去製造一些設計精巧的死亡武器，與此同時卻有過百萬人捱饑抵餓？我們是否仍會時刻活在迫在眉睫的大屠殺的恐慌中？我們是否仍會聽見一些父母質疑應否把孩子帶到這個世界來，以及孩子們能否在此終老的聲音？

「和平」這個字詞已經給惡意扭曲了，這實在令人傷感。對於許多人來說，這個如斯珍貴的字詞已與情感主義、烏托邦主義、極端主義、浪漫主義，甚至不負責任掛上了鈎。「你支持和平」等於說「你在發春秋大夢」。當有人請求投放時間、金錢和精力去成立一個和平部門時，他們將會受到別人嘲笑，指摘他們的意念不切實際。但假如時機促使要建設一個三叉戟核潛艇港口的話，不少人所倍感關注的是此事所能提供的就業機會，而不是如何制止一場新戰事的發生。

「若我為和平發聲，他們定必張牙舞爪。」這兩句話較以往任何時代來得更加真實。在每天的報紙、電台和電視廣播中，在在都展示著我們那張牙舞爪、極欲成為天下霸主的無恥渴望。在我們的世界中，幾乎聽不見真正的和平字句，即使給說出來，也大多令人懷疑。當敵方揚言和平，我們會當作「純粹宣傳技倆」而不屑一顧。當世人昂然挺胸地高喊「自由」的同時，

「和平」的呼聲卻小得可憐，似是深怕被別人指摘為不忠和不值一信。

這樣的情況是否無轉彎餘地？我們是否無法逃避戰鼓聲的騷擾？我們是否必須不斷傾聽自己需要更多更強力的武器去捍衛我們的價值和生命這種聲音？我們是否必須聆聽那些叫人厭煩的演說，提到一萬種戰略部署，以及二萬二千種戰術核武，能夠毀滅每一個俄羅斯大城市四十次以上還嫌不夠？我們是否仍要容讓自己的腦袋充斥著諸如洲際巡航導彈、B-52轟炸機，以及三叉戟核潛艇所可能造成的破壞？甚至我們是否必須討論在一次地區性的核子戰爭中，毀掉一千五百萬條性命是否還不為過？我們是否必須在歷史中繼續研發更大規模的殺傷性武器？

我們與那些厭惡和平的人相處得太久了，以至我們習慣了被那些「地上的君王、臣宰、將軍、富戶、壯士」(啟六15) 所壓制，他們嘗試告訴我們，政治處境太複雜了，我們無法提出任何可行建議落實和平；他們又試圖說服我們，國防科技太前衛了，我們根本無法理解。對於那些好戰分子，對於那些希望一睹由自己腦袋研發出來的惡魔產品的威力的人，我們實在沉默得太久了。然而，當我們呼叫「捍衛和平，捍衛和平」時，又顯得軟弱無力、過分簡化，以及天真無知。那些認為戰爭與和平的複雜論點是我們所無法明白的人，誘使我們陷在無力與無用的感覺之中。

真理其實簡單不過。或許那些與發動戰爭相關的艱澀措辭——融合(fusion)與分裂(fission)、同歸於盡策略(Mutually Assured Destruction；簡稱MAD)、機動重返飛彈(Maneuvering Reentry Vehicle；簡稱MARV)，以及洲際多彈頭飛彈(Missile Experimental；簡稱MX)——不過是一張經過精妙設計的簾幕，讓我們看不見全能者的面龐，也聽不到祂的聲音：「你要盡心、盡性、盡力、盡意愛主——你的上帝；又要愛鄰舍如同自己。」(路十27)這是一個簡單卻嚴厲的真理，要求我們時刻儆醒、堅定和實踐。和平的真理是一個叫人難熬的真理，需要我們直接地、勇敢地、聰明地、溫柔地、慈愛地，以及不斷地述説和生活出來。

要在這個課題上寫點甚麼確實不容易，因為長久以來，我都躊躇於談論或寫作有關和平的事情。有些人認為反抗或和平運動，不過是一些年輕人趁機反叛，或是反愛國主義的表達。我與持這種觀點的人相處得太久了，以至我難於啟齒，公開表明自己「捍衛和平」的立場。許多時候，這種猶豫會引導我重返在荷蘭軍隊中服役的日子。雖然神學院讓我不用服兵役，但我總認為，一個神學生不應與其他荷蘭年輕人有不同的經歷：穿著制服，為國家服役兩年。因此，我自願成為一名隨軍神父，在接受過一些基礎訓練後，便以神職心理學家的身分，於軍方的精神健康隊伍中工作。這段日子令我印象難忘。我享受當中的「團隊精神」，認識了一些我不可能在其他地方認識得到的人，學習了很多關乎心理學的知識，讓我終生受用，更結交了一羣莫逆之友。對於以上這一切，都是那六年神學院生活所無法比擬的。

作為一個基於良心和信仰原則而不肯服兵役的人，不難得到某些小羣教派人士所諒解，然而，對於那些「正常的」天主教徒或基督教徒而言，情況卻不是這樣。他們認為保家衞國是一件光彩的事情，沒有一個「真漢子」會逃避兵役。而且，我也著實喜歡那套軍服，較我那套縫著羅馬圓領的黑袍有型得多！及至後來，就在越戰期間，當我身處美國的時候，一位摯友軍官的行為逐漸改變了我的態度，他拒絕繼續服役，不惜身陷囹圄。那些抗拒被調派越南服役的美國人，不再被視為自私膽怯，或是多愁善感的夢想家，而是一羣發現戰爭的不正、不法、不義，敢於堅持信念行事的人。正當我輔導一羣反戰分子的時候，我收到從荷蘭軍方院牧部所寄來的一封信，欣然地向我宣佈，茱莉安娜皇后已推薦我成為皇室軍隊的領導人（預留！)。當我唸著這封信時，委實感到有點混亂，既尷尬，又自豪。

然而，我在荷蘭軍隊服役的經驗，並不是使我對參加和平運動裹足不前的惟一原因。從我對六○年代那些反戰集會所經常表現出來的形式、語言和行為的觀察中，使我質疑大部分反戰活動的價值。和平分子之間的衝突和分歧，令我打從心底裏厭惡起來，叫我愈發尊重那些為國服役的士兵們那份簡單整潔、秩序井然、遵守紀律，以及不懷二意的效忠精神。即使到了今天，我已經不會再質疑虛構偽造、財富積聚，以及使用核武的不道德性，但我仍然會就談論和平或參與和平行動而感到困窘，特別是當它引導我來到一羣不論是個人風格、意識型態，以及策略手法均與我完全相異的同道面前。

但這一切回憶或情緒卻不能消除每個人被呼召去捍衛和平的真理，不論我們有多大不同：或是意識型態、或是種族背景、或是宗教信仰、或是社會條件，甚或是我們的「品味與習慣」。耶穌説：「使人和睦的人有福了！因為他們必稱為上帝的兒子。」(太五9) 這些字句不能夠再只是停留在我們的基督信仰意識中的深處，它們正剖開我們的生活，使我們曉得現在已是我們共同宣告「捍衛和平」的時候了。

今天的基督徒，如果想成為真正的基督徒的話，便需要勇於呼喊「和平」，就如呼喊「自由」一樣，讓活在這個世上的每個人都不再質疑，基督徒就是和平使者。

我把這種觀點簡單直接地陳明出來，完全是因為我了解到當中實在有太多難題令基督徒彼此之間意見分歧。這邊廂接受義戰理論(Just-War Theory)，那邊廂卻大唱和平主義。過去已有太多書籍或文章論及非暴力主義、因良心或信仰緣故堅拒從軍(conscientious objection)，以及公民抗命等重要課題，我盼望在接續下來的討論中，基督徒們能夠收窄彼此間的分歧。然而，倘若這些不同意見阻礙了上帝子民去為和平作出清晰而令人信服的見證的話，這將會是一樁悲劇。今天，和平任務已經刻不容緩，我們必須在靈裏的契合中作出相關的言論和行動，縱使還有許多具體的戰術和策略需要繼續探討。因此，我不打算在這裏提出甚麼具體行動，反而想集中思考**現在**有甚麼東西能夠給予我們力量去共同爭辯與行動，好預防一場全球性的大屠殺。

因此我說：和平任務是屬於我們基督徒天職的核心；和平任務是所有基督徒的全職工作；和平任務已經成為這個世代所有基督徒最刻不容緩的召

命。這番說明解釋了為何我想建構一套關乎和平使命的屬靈觀念。

從基督教傳統的觀點來說，我所說的或許仍是陳腔濫調；若從和平任務的迫切性這個觀點來說，我會說出一些頗為新穎的看法。因此，這些反省一方面了無新意，但卻同時又為我們帶來許多問題。我不會要求別人參與任何特定的組織或計劃，也不會提倡在我們的工作環境或家庭生活中作出任何特定的改變。我所要求的，卻是我們全人的回轉，以致我們的一言一行、一思一感，都能夠成為和平使者天職的一部分。這樣的回轉的確能夠促使我們作出改變和具體行動，但也能全然更新我們的生命。

我為了誰寫這些東西？為了所有願意成為和平使者的人——不論你居於鄉間農莊或是摩天大廈；不論你就業於工廠樓房或是大學校園；不論你隱居於沉思古剎或張揚於大街小巷。和平任務不囿於任何時間、工作或才幹，就如愛一樣，人人皆可領受。這本書雖為基督徒而寫，但我也渴望其他人能夠認定成為和平使者是所有人共同的天職。我更為著在過去數十寒暑中，我所認識和深愛著的一羣朋友(當中有男有女)而寫下這本書。在他們當中，有些人義無反顧地投身於和平任務，縱然犧牲了他們的家庭、職業，以及活動自由；有小部分人把自己完全奉獻給為和平禱告和默想的工作之中；然而，還有大部分人仍然掙扎於尋求他們為和平效力的適當崗位。他們全都是這本小書的一部分。我深信他們在我生命中的出現，會使這些反省更加實在和具體，不單能夠觸摸那些正在苦苦掙扎的人，也能觸及那些遠在彼岸，猶豫不決的觀望者。

我會用三個主題來環繞和平任務而作出反省：禱告、抵抗，和羣體。我們必須藉著禱告來抵禦邪惡，又要在愛中彼此守望。對於這些論調，我沒有甚麼新鮮觀點要提出來；事實上，幾乎所有屬靈書籍都曾以相類似的方式講述過這些觀點。然而，我要在世界迷醉於自我毀滅的背景中重提這些觀點。這個世界的前景再不是決定於和平與戰爭之間的選擇，而是和平與歷史結束之間的選擇。在這樣的世界中，那個老掉牙的召命——禱告、抵抗，和羣體——已成為一個全新的呼召。

第一章
禱告

有一件事，我曾求耶和華，我仍要尋求：就
　　是一生一世住在耶和華的殿中，……
因為我遭遇患難，他必暗暗地保守我；在他
　　亭子裏，把我藏在他帳幕的隱密處……
現在我得以昂首，高過四面的仇敵。我要在
　　他的帳幕裏歡然獻祭。

(詩二十七4～6)

我們待於何處？

一個和平使者禱告。對於一切和平任務來說，禱告是始也是終、是因也是果、是精義也是內容、是基礎也是目標。我不會為這番話感到歉疚，因為它讓我可以直指事情核心：和平是一份神聖的禮物，一份我們從禱告中領受的禮物。

在給門徒的臨別贈言中，耶穌如此說：「我留下平安給你們；我將我的平安賜給你們。我所賜的，不像世人所賜的。」(約十四27) 當我們想要締造和平時，首先需要遠離那些討厭和平的人的藏身之所，從而進入上帝把祂的平安供給我們的居處。禱告就是進入這個新居的意思，真正的問題是：「你逗留在哪裏？你屬於誰？你的家在何方？」禱告就是生活在上主的居所中，在那裏「我遭遇患難……祂必暗暗地保守我」，在那裏「我得以昂首，高過四面的仇敵」(詩二十七) 。首先，我們需要提防受到那些矢志為世界帶來毀滅和為萬物帶來終局的人的迷惑。耶穌說：

> 「你們要謹慎，恐怕因貪食、醉酒，並今生的思慮累住你們的心，那日子就如同網羅忽然臨到你們；因為那日子要這樣臨到全地上一切居住的人。你們要時時警醒，常常祈求，使你們能逃避這一切要來的事，得以站立在人子面前。」
>
> (路二十一34～36)

「時常禱告」是和平任務的第一環。對於我們這些終日為生活奔波勞碌的人，這句說話有甚麼實質意義？要解答這個問題，我們必須首先願意批判性地剖析那些終日纏累我們的「生活關懷」，惟有這樣，我們才能看出禱告的更生力量，以及它在和平任務中無遠弗屆的角色。

傷痕與需求

當我反省人類日常生活的行為時，才驚覺我們的需求是何等的大。不論在甚麼地方，只要我們眼目所及，我們的需求便產生作用：我們需要別人關注、需要被愛、需要發揮影響力、需要行使權力，最重要的，是需要別人的認同。當我們誠實地探索自己的一言一行，所思所感時，我們會赫然發現，即使是最落落大方的行動、言詞，甚或構想，都與這一切需求糾纏不清。這種發現甚至叫人厭惡自己。

當我們去慰問一個朋友時，我們會疑惑到底他會否悅納我們的到訪；當我們付出時間和金錢去為世界上的饑民和遭受壓迫者抗爭時，我們會忐忑於到底自己是否得到認同和讚譽；當我們聚精會神地聆聽求助者的故事時，我們會不期然地墮進感情用事和諸事好奇的陷阱之中；甚至當我們懷著熱情和信念去講述耶穌的謙柔與忍耐時，我們也難以抑壓那種想成為全場焦點的衝動。因此，我們需要坦白承認，我們的大部分行為——即使是那些我們所認定的善行——都是為了試圖抬高自己的身價，突顯自己的名聲，好叫這個世界不能忽視我們的存在。這一切的行為目的成了我們的焦慮所在，不論我們意會與否，這就是耶穌猛烈地抨擊罪人的「善行」。

> 「你們若單愛那愛你們的人，有甚麼可酬謝的呢？就是罪人也愛那愛他們的人。你們若善待那善待你們的人，有甚麼可酬謝的呢？就是罪人也是這樣行。你們若借給人，指望從他收回，有甚麼可酬謝的呢？就是罪人也借給罪人，要如數收回。」
>
> (路六32～34)

每件善行都附著一個價格，為甚麼我們會如此困難地越過這種怪誕的道德交易？為甚麼我們的需求會經常把那些即使是最為他人設想的舉動弄得一蹋糊塗？我們對愛、關注、影響力，和權力的渴求，其實早已深深埋藏在那些既深且久的傷痕之中，這些傷痕是在遭受別人厭棄、白眼，甚或拒絕時出現的，它們或源於過往具體的事情，或源於模糊不清的回憶，或源於不斷複述的故事；它們可以與我們的家庭、師長或朋友相關；它們可以非常具體，或可以非常普遍，然而，不知怎的，它們就是這樣使我們疑惑到底自己有沒有價值。就是這種內在自我價值的根本懷疑，把我們投擲到追尋自尊的路上，當中擔驚受怕，使我們不得不自我中心，甚至傷害別人。

當我聽著貪婪、暴力、強姦、虐待、仇殺，以及肆意破壞的聲音時，我也聽到一聲冗長、持久、從世界每個角落傳來的呼喊。這聲呼喊發自一羣傷痕累累的人，他們不知道何處可安然棲身，在這個星球上到處流徙，只為尋求一絲關懷與安慰。

為何需求會繫於傷痕，我們無法輕易作出解釋。即使我們時刻指摘某人是我們困境的罪魁禍首；即使我們確信只要某人稍為調整一下他的言行便會令事情改觀，我們仍然是傷痕與需求這條鏈子上的一部分，遠超乎我們的回憶與想望。我們無法遏止這種渴求被愛的需要，或許關乎幼年時一次遭受拒絕的經驗。難道我們的父母不也同樣受制於傷痕與需求嗎？這些傷痕與需求可以追溯到他們的父母和祖父母那兒去，世代相傳。至於我們，或許渴望能夠在兒女或朋友心目中無可指摘。我們不想傷害他們，竭力使那些我們曾經受過的痛楚遠離他們。然而，最終我們會痛苦地發現，他們同樣傷痕累累地過著日子，尋找一種我們無法提供的愛，這種不斷尋索的日子一直延伸至渺渺將來。這是人類無法逆轉的悲劇，一種經歷無家可歸的悲劇，在歷史長河中川流不息，從這代到那代，永無休止，似乎是我們那雙持著愈來愈具破壞力的工具所造成的衝突的無涯結果。傷痕與需求的惡性循環，製造了那羣「討厭和平的人」的背景，這是一切惡魔的居所，因著我們全都受過傷害，全都有所需求，以至無法逃離當中的餌誘。

當我們意會到我們一直以為那些奉主名而作的服事，其動機可能在某程度上源於我們的傷痕和需求，因而帶來仇恨、憤怒，甚或暴力，而不是和平的時候，我們定會為之震驚。我們熱心投入的上帝國度事工，竟成了撒但最安全的藏身之所，這實在是一大諷刺。在我們疏於防範的時間和地方，「仇敵……如同吼叫的獅子，遍地遊行，尋找可吞吃的人」(彼前五8) 這種行動便愈容易成功。我們必須認真思想，倘若我們無法辨認在我們日常生活中那些矛盾和戰爭是如何在暗地裏工作，我們將永不可能完全明白日復日在報章上所充斥著的殘暴、虐待和屠殺事件。上帝之名被許多邪惡行動所妄用，這是撒但最安全的面紗，假如我們想成為和平使者的話，便必須繼續把它撕破。要在周遭的黑暗權勢中認出撒但的面紗或許不太難，然而，當這團惡勢力潛藏在我們的「善行」中時，我們便難以察覺得到。自我懷疑、內在不安、害怕獨處、需求認同、渴望名譽地位等動機，經常會較那種只為和平服事的真熱情來得更為強烈。就是這些動機，在我們的和平行動中撒播著戰爭的元素。

只有當我們願意不斷承認自己也有一雙髒手，即使在執行和平任務時，我們才能全然明白和平任務的艱辛。

最大的屬靈悲劇是許多殘酷和不人道的行為，都冠以為主而作的名義。當成功在廣島投擲原子彈之後，杜魯門總統這樣寫道：「我們感謝上帝讓我們擁有它〔原子彈〕……我們祈求祂能引導我們為著實現祂的目的而使用它。」危地馬拉事件是另一個駭人聽聞的例子。當蒙特將軍（General Efraín Ríos Montt）於一九八二年三月上台時，他聲稱自己是耶穌忠實的跟隨者。但在七個月後，二千六百名危地馬拉農民被殺，當中有男有女，有老有幼。我們不能以為那些投擲原子彈或屠殺無辜印第安人的人為精神病患者，他們大部分都是正常人，並且成長於基督教家庭，他們被教導去相信他們為國家所做的一切都是神聖的，甚至認為服從那位敬畏上帝的總統，是上帝給予他們的一項使命。

因此，我們難堪地明白到，我們那些所謂善行，其實與那些投擲原子彈或執行種族清洗的作為沒有兩樣，它們在那個巨大的邪惡鐘擺上佔一席位。我們的傷痕和需求，與那些在廣島投擲原子彈，以及在危地馬拉屠殺和虐待人民的人的傷痕和需求，其差別並不如我們所想像的那麼大。隱伏在我們所譴責的戰爭背後的傷痕和需求，正是全人類共有的傷痕和需求。我們同樣受到黑暗權勢的深深烙印，不斷引發戰爭。我們就是自己努力對抗的邪惡的一部分。

在此我們瞥見人性的真實罪性，這種罪性深深植根在我們裏面，滲透在我們生活層面的每個角落。當「正常人」也能在我們這個時代不分青紅皂白、不分男女老幼地濫殺無辜，我們又怎能認為我們不會發動及接受全球性大屠殺，令數以百萬計的生靈化為灰燼？我們同樣以「服從」行事，聲稱我們所作的是為了捍衛我們的基督教價值。

那麼，何處是那些討厭和平之人的居所？在這個我們所熟悉的世界中，和平依舊受人揶揄，個人、羣體，以及國族那些糾纏不休的傷痕和需求，似乎只會帶來戰爭，而不是帶來和平。

在這種黑暗及讓人恐慌的背景底下，我想表明，迫切的禱告是和平任務的首要特徵。

新的語言

邀請人進入禱告的生活，就是邀請人活在這個世界當中，卻沒有墮入它的傷痕和需求的網羅裏。「禱告」這個詞，象徵把那條導至暴力和戰爭的邪惡鐵鍊完全斬斷，並且帶領我們進入一個全新的安居之所。它指引著一種嶄新的説話方式、呼吸方式、相處方式、學習方式——真的，就是一種全新的生活方式。

要表達禱告所象徵的全然改變絕不容易，因為對於許多人而言，「禱告」這個詞語令人聯想到敬虔：與上帝交談、默想上帝、出席早晚敬拜聚會、參加主日崇拜、飯前謝禱，還有許多其他事情。這一切不錯與禱告有關，然而，當我提及禱告作為和平任務的基礎時，我首先聲明的是要移離「那些討厭和平之人的居所」，從而進入上帝的家。禱告是基督徒生活的中心，是那「不可少的一件事」(路十42)，就是此時此地，與上帝生活在一起。

當我閱讀福音書的時候，發現當中的形像經常與新的居所連繫在一起，我為此感動不已。這些形像令我想到和平使者就是一個尋著新家園的人，那裏不但平靜詳和，亦能為世界帶來和平。福音書著者約翰把耶穌描繪為上帝的道，他親臨人世，並且住在我們中間。(約一14) 約翰又告訴我們，當首批門徒初次與耶穌相遇時，怎樣問及耶穌「拉比，在哪裏住？」繼而獲得邀請留在這個家中。(約一38～39) 我們已很清楚跟隨耶穌就是轉換居所的意思，進入一個全新環境，與一羣新朋友共同生活。福音書把這個整全的意思逐步地展現出來，我們會進一步發現，耶穌不單邀請他的追隨者來到他的屋子裏與他一同生活，其實他本身就是那座屋子。

就在他臨死前的一晚，他向友伴說：「你們要常在我裏面，我也常在你們裏面……常在我裏面的，我也常在他裏面，這人就多結果子。」(約十五4～5) 這個神聖居所能夠堅固我們在這個充滿敵意的世界中成為和平使者，就像綿羊處身豺狼之中。在臨別贈言中，耶穌並無隱瞞這個世界的本相，他的追隨者仍要活在其中，然而，他卻向他們保證，他們必會得著平安。

> 人要把你們趕出會堂，並且時候將到，凡殺你們的就以為是事奉上帝。他們這樣行，是因未曾認識父，也未曾認識我……我將這些事告訴你們，是要叫你們在我裏面有平安。在世上，你們有苦難；但你們可以放心，我已經勝了世界。
>
> (約十六2～3、33)

這番説話強而有力地表達了禱告如何成為和平任務的基礎和核心。即使衝突、戰亂、虐待、死亡包圍著我們；即使個人和集體毀滅威嚇著我們，我們也不一定要與那羣厭棄和平的人生活在一起。禱告是屬於那新居所裏的一種全新語言。

我會深入一點剖析新居處這類聖經形像，對於我們這羣活在遭受滅族威嚇的人有甚麼意思。我們不難察覺那些打鬥頻生的屋子裏是如何充滿著恐懼。在耶穌所描述的末日光景中，其中一個最令人難忘的特徵是那份叫人發呆的恐懼，人們毫無反應、四處亂竄、一片迷惘，遭受周圍的混亂所吞噬。「日、月、星辰要顯出異兆，地上的邦國也有困苦；因海中波浪的響聲，就慌慌不定。天勢都要震動，人想起那將要臨到世界的事，就都嚇得魂不附體。」(路二十一25～26) 耶穌給予活在這段混亂時期的追隨者一番忠告，勸喻他們要保持沉默、信心、平靜，以及對上帝的信靠。他告訴他們不要跟隨那些撒播恐慌的人，不要與那些自稱為救世主的人走在一起，也不要受到戰爭和啟示的謠言威嚇，總要「挺身昂首」(路二十一28)。

驚慌、恐懼和憂慮不屬於和平使命的一部分，這似乎很明顯，但許多致力抵制世界戰爭威嚇的人，不單被恐懼牽著鼻子走，甚至利用恐懼來促使別人行動。恐懼是和平使命中最誘人的力量。對於軍備競賽的故事，或是對於一旦發生核戰所帶來的可怕後果的描述，都很容易促使我們以恐懼令自己及其他人成為和平的擁護者。許多電影、幻燈片和圖書都是帶著這種明顯的意圖，使人們心弦震盪，改變其心思立場。我們需要時刻儆醒在我們的世界中，魔鬼力量已經藉著一些極為具體的方式發揮其影響力，當我們愈誘發別人的恐懼，我們便愈容易淪為同一鼓勢力的受害者。當和平使命基於恐懼，這便與締造戰爭沒有分別了。雖然和平使者或會採用一套與好戰分子不太一樣的措辭，但實質卻是操著同一套語言，他們仍然擺脫不了好戰人士的策略謀算。

和平使命是一份愛的工作，「愛裏沒有懼怕；愛既完全，就把懼怕除去。」(約壹四18) 在和平使命中，沒有甚麼較一份從心底裏湧流出來，是我們確曾經驗過的愛更為重要，只有那些深知被愛，又在愛中歡欣快樂的人才能成為真正的和平使者。為甚麼？因為這種被愛的親密體會使我們得著釋放，能夠超越死亡的視域，毫不畏懼地為和平說話和行事。禱告就是經驗愛的途徑。

禱告意味著我們進入首先愛我們的那一位的團契中，就在禱告中，這種「先愛」(約壹四19) 向我們啟示出來。我們愈發進入那所以禱告作為語言的上帝居所的深處，便愈能釋放自己，讓整個人浸透在這種「先愛」之中，而毋庸理會周遭人對我們的責備或讚美之辭。倘若我們仍然介懷別人對自己的說話或想法，嘗試討好他們的話，我們仍舊脫離不了這個黑暗世界的欺騙和拘禁。在這個黑暗世界中，我們把自己的價值寄放在周遭的人事上。這是一個成王敗寇、得褒失貶、優勝劣敗的世界，我們在其中易受傷害，也很容易為了撫平這些傷痕而尋求一些可以肯定自我價值的滿足感。假如我們一直緊抓這個世界不放的話，我們便無法認識真我。我們依戀著虛假的自我，渴求更多成功、更多讚譽、更多滿足感，以為這樣可以為我們帶來迫切需要的被愛經驗。這實在是一塊孕育著苦毒、貪婪、暴力、戰爭的沃土。

然而在禱告裏，我們一次又一次地發現，我們所尋求的那份愛，其實早已給了我們，讓我們可以經驗得到。禱告就是進入那在我們還在母腹中便單單以愛塑造我們的一位的團契中。在那一刻的「先愛」中，藏著我們的真我，這個「我」並非由周遭人羣的拒絕和接納所決定，而是牢牢地植根在呼召我們成形的那一位中。在上帝的居所中我們受造，亦是這個居所呼喚我們歸回。禱告就是一次回歸行動。

禱告是一切和平使命的基礎，正因為在禱告中，我們明白到自己不屬於這個充滿衝突和戰爭的世界，而是屬乎那賜予平安的祂。只有我們意會到自己不再依靠這個世界時，我們才能在這個世界中講述和平，這便是和平使命的弔詭之處。只有當那些好戰分子不能駕馭我們時，我們才能表達自己的「和平立場」。只有當我們單純地信靠祂時，我們才能替和平之君作見證。簡單而言，只有當我們不再屬於這個世界，我們才能活於世上。脫離好戰分子的世界，是為了以和平使者的身分活在其中，這便是耶穌向我們展示的十字架道路。這是一次漫長的回轉歷程，在當中我們向那個植根在世俗褒貶的老我死去，為了承擔和平使命。只有活在和平的居所中，我們才知道甚麼是和平使命。

與我們日常所要處理的具體及埋身的問題相比，以上所提及的或許會讓人感到不著邊際，然而，若我們倒過來思考，便會發現它的真實性：只有當我們向禱告的語言和方法開放，我們才能處理生活中的各種干擾、要求，以及日常事務，而不至令自己的生命變得支離破碎，充滿怨恨。禱告——活在上帝的同在中——是我們所能想像得到最徹底的和平行動。

禱告行動

許多人認為禱告相對於行動，他們會這樣說或想：「或許禱告能為行動作準備，或許它能為行動提供恰當的正名，或許它可以作為對成功行動表達謝意的一種方法，但是無論如何，禱告本身絕不是行動。」這種思想建基於在禱告中無事可為的信念，因此，禱告若不是浪費時間和逃避現實，也頂多只屬次等重要的事情。然而，如果我們願意視禱告為和平使命的核心所在，認為禱告本身便已**是**和平使命，而不是單單的事前準備、事中支援，和事後感恩的話，我們便要與世俗實用主義的「教條」抗爭到底了。這是一次決定性的抗爭，尤其在這個受著核武威脅，使和平使命變得如此迫切的重要時刻，它給予我們一個嶄新的想法。意識到這方面的迫切性，很容易使我們感到絕望，繼而說：「現在真的沒有時間花在禱告上了，我們需要行動。」然而，這種態度與耶穌的忠告全然相反：「你們要時時警醒，常常祈求，使你們能逃避這一切要來的事，得以站立在人子面前。」(路二十一36)

假如我們明白到在禱告裏和透過禱告，我們能夠找到真我的話，我們其實已一窺它和平使命的特性了。當我們禱告時，我們破除了責備與讚美的牢籠，進入上帝大愛的家中。在這樣的理解底下，禱告實在是一項殉道行為：在禱告中，我們向充滿傷痕和需求的自我毀滅世界死去，從而進入基督的醫治榮光中。

我認為白高思（Floris Bakels）在描述他身處德國集中營經歷時所採用的方法，恰好是關乎禱告力量的一個非常動人的例子。白高思，一位老練和受過高深教育的荷蘭籍律師，簡單地提及禱告不單拯救了他的靈性，也拯救了他的思想和肉身。為甚麼？因為就他而言，禱告是一次出死入生的過程，幫助他學會心存盼望和關心別人，即使身旁數以百計的人死於飢餓，遭受虐待及處以極刑。

白高思從沒想過自己是否敬虔，然而，他也萬料不到當他回應那些垂死朋友時，竟會向他們提及「上帝、耶穌和福音」，並且在他與其他人心裏感受到一種不屬乎這個世界的平安。白高思本人也無法完全掌握到底發生了甚麼事情。過了三十四年，他寫道：

> 我有一個意念……怎麼說呢……對於我來說，重生預設了一次死亡過程，舊人死去，新人重生……然而，舊人的這番離別……是一種終極悲痛；一種「呼求上帝的悲痛」；一種現世的悲痛；一種為著已然流逝的事情、杳然消失的世界、萬事萬物一去不復回的悲

> 痛……我開始察覺到自己是那麼的留戀現世，當我與這個世界的距離愈來愈遠時，我對這個世界那份美的渴慕卻也與日俱增。這是一次極大的產難，實在令人心碎。有甚麼可以作呢？那愛又怎麼樣，對異性、妻子、家庭，甚或蝴蝶、江河和森林的愛？……一切世上多姿多采的動物那可愛動人的一面……我是否過於留戀？在永恆的亮光底下，我展開了新一頁：舊人躺下、一聲再會、一次別離，甚至是一次不再留戀生命本身的嘗試……接著……渴望穿上新人，成為一團平靜的火焰，向上燃燒，忘卻自己那個可憐的軀體，渴望回到那位曾經創造我的大能者家裏……我實在不知怎樣才能說得明白……我只知道有一件事情可以作：降服在祂腳前。

白高思在這裏所表達的正是禱告作為行動的核心。這是死亡與重生的行動，是離開熟悉居所，回到那位曾經創造我們的大能者家裏的行動。二次大戰的集中營開啟了白高思的這種經驗。今天，當我們的世界正逐步變成一個龐大的集中營，受著新一次或更大規模的屠殺威脅的時候，這樣的禱告行動便較以前任何時段顯得更為重要了。禱告徹底地打破了生與死的界限，使我們能夠自由地站於這個世界當中，而不至被恐懼戰勝。

在世界遭受毀滅威脅的處境中，假如我們企圖藉著禱告去影響上帝，或是尋找一個屬靈避難所，或是作為重壓時刻的一番慰藉的話，禱告便顯得毫無意義了。在面對核武屠殺的當前，只有將禱告當成一次捨棄行動，甚至捨棄自己的生命，好使我們完全自由地單單屬乎上帝，這樣，禱告才有意義。

這解釋了為何我們時常渴求禱告的同時，又強烈地抗拒禱告。我們希望與上帝——一切平安的本源與目標——親近一點，但是當我們愈發接近祂，我們便愈發經驗到祂那親暱而迫切的要求，要求我們放開許多賴以管理自己生活的熟悉方法。禱告就是如此徹底的行動，因為它要求我們批判自己在這個世界上的整個存在模式，放底老我，接納新我，就是基督。

這便是保羅在呼籲我們與基督同死，以至能夠與基督同活時，腦海中所想著的事情。就是這種死亡與重生的經歷，保羅寫下他的見證：「現在活著的不再是我，乃是基督在我裏面活著。」(加二20)

以上這一切行動與結束軍事競賽有甚麼關係？我

認為針對破壞行為最有力的抵抗方法便是放下一切破壞行為的基礎：渴求操控的假象。最後的一點分析：核武軍備競賽是否建基於一種不惜任何代價——我們所有、所作、所思——也要捍衞到底的信念？我們不惜任何代價掌控自己命運的信念，是否有可能毀滅這個地球，以及當中的文明和人類？

在禱告的行動中，藉著除掉所有錯誤的歸屬，並且引導我們全然歸向那位我們單單倚靠的上帝，我們克勝了渴求操控的假象。因此，禱告是一次死亡行動——向一切我們以為屬於自己的東西死去；也是一次重生過程——得著一個不屬於這個世界的全新生命。

禱告的確向世界死去，以至我們能夠為上帝而活。

然而，禱告最大的奧祕是，就在此時此刻，它已引領我們進到上帝的居所中，因而激發我們期待在神聖國度裏的生活。禱告提升我們進入上帝永恆不朽的生命中。

從這裏我們可以看出，在一個遭受滅絕威脅的世界裏，禱告行動的意義變得愈來愈明顯。藉著禱告行動，我們毋須動輒與那些因著恐懼而設立核彈頭、巡航導彈，以及核潛艇的人壁壘分明；藉著禱告行動，我們不用劈頭企圖制止核武的升級和擴散；藉著禱告行動，我們甚至不必嘗試改變別人的思想和態度。這一切都是非常重要和必需的，然而，禱告的根本目的，卻不是為了完成某項事情。

不！藉著禱告這樣的行動，我們學會接納我們不屬於這個充滿核彈頭、巡航導彈，以及核潛艇的世界，我們已經向它死了，以至沒有任何一場屠殺能夠摧毀我們。在禱告行動中，我們願意親身經歷核子破壞的最終結局，並且確信在這一切事情當中的上帝是那位活著的上帝，沒有任何人為權力可以使祂「消失」。在禱告裏，我們預計了個人及羣體的死亡，並且宣告在上帝裏不再有死亡，只有生命。在禱告裏，我們克勝了死亡的恐懼，就是一切人類毀滅的基礎。

這是否逃避？我們是否從眼前最為具體的事情面前逃跑出來？我們是否正在「屬靈化」當前的巨大問題，並因而出賣我們那些充滿危急關頭的時間？假如禱告變成一種逃避所有具體行動的途徑的話，這也許是對的；然而，假如禱告是一種關乎死亡與重生的真實行動的話，那麼，它將會直接引導我們進入世界，在那裏我們必須採取行動。

我們向世界死了，在某程度而言，我們能夠在其中活得更有創意；我們捨棄了錯誤的歸屬，在某程度而言，我們能夠活在騷動與混亂之中；我們不再恐懼，在某程度而言，我們能夠投身危險當中。

因此，禱告行動實在是一切行動的基礎和根源，當我們對抗軍備競賽的行動不是建基於禱告的時候，這些行動便會很容易令人變得恐懼、狂熱和苦毒，但求生存，而毋須信靠上帝。

然而，當我們的所有行動都是由禱告所湧流出來的時候，縱歷沮喪時刻，我們也能活得喜樂；即使身陷絕望境地，也能活得平安。我們能夠面向著核武的壓倒性威脅，確切地說：「我們不會害怕，因為我們已經死過了，世界再無能力操控我們。」因而我們能夠毫無懼色地抗拒各種人為破壞的方式，自由地宣告：永恆而慈愛的上帝「不是死人的上帝，乃是活人的上帝」(太二十二32)。

這種禱告觀點到底有甚麼具體的日程安排呢？它著令我們時刻不忘禱告，認定禱告是抵抗軍備競賽最根本和最重要的行動。容讓自己與上帝有一段寧靜時間，藉著信心，平安就會臨到我們，不是基於我們的手巧，也不是因著我們參與了行動而產生的成品，而是基督的恩賜。進入禱告的特別獨處，是對這個充滿操控、競爭、對抗、懷疑、防衛、憤怒、敵意、彼此侵犯、破壞和戰爭的世界的一種抗議，見證著那包容一切、治療一切的上帝大愛的權能。在那些活像連串危難的受害者的壓力下，我們默然不動，安靜而充滿自信地「站立在人子面前」(路二十一36)，只為和平行動。這實在不容易辦到，因為幾乎身邊的每個人都會提出異議，他們通常會說：「繼續前進、繼續工作、繼續爭取、繼續談判、寫作、組織……事事辦妥……愈早愈好。」然而，這不是和平上主的聲音，每次耶穌出現在他的朋友面前時，都會安撫他們的心思意念：「不要害怕、不要愁煩、不要疑惑。」(參路二十四38)

當我們獨處時，常會聽到這兩把聲音——世界之聲和上主之聲——把我們向相反方向強行拉扯。但倘若我們持守信心，回到獨處之境地時，我們便會發現，上主的聲音會愈來愈響亮，也會深切明白和體會到那份我們所一直找尋的和平。

我們在獨處中可作甚麼？第一個答案是無事可作，只需留守在那位希望我們留心聆聽的上主身旁！正是這種在上帝面前「無甚可為」的存在，我們才能向我們渴望權能和操控的幻覺中默然死去，細心傾聽隱藏在我們深處的愛的聲音。

然而，「無事可作、一無是處」並非如它們的字面意義般消極被動。事實上，它們需要我們付出極大的努力和專注力，要求我們積極聆聽，容讓上帝的醫治臨到我們身上，使我們得著更新。積極聆聽的方法會因人而異，但卻一般包括聖經所提及的幾種默想形式，例如安靜地閱讀詩篇經文、反省某段聖經經文，或單單重複一篇短禱文等等，我們會發現這個苛求世界喋喋不休的聲音會失去它的部分威力。我們會愈來愈感受到，獨處給我們提供了一處居所，在那裏我們能夠聆聽上主的聲音，找到順服上帝話語的力量，並且能夠自由而勇敢地作事。

禱告形式林林總總，有個人的，有集體的，但假如我們真的想向那個動輒發火的舊我死去，住進和平居所的話，我們必須在上帝面前寂然默想，這實在是和平使者一項極大的屬靈挑戰。

痛悔的心

藉著把禱告描述為一種行動，我嘗試再一次強調和平使命的內在和外在工作之間的直接關聯，雖然「改變世界，由你開始」這句口號經常被人用來個人化或屬靈化我們為這個星球帶來和平的迫切任務，但它卻也指出一個不能否定的真理：沒有心靈裏的平安，就沒有世界上的和平。

一個關於沙漠教父的小故事，把這個觀念漂亮地刻劃出來：

從前有三個朋友，他們都是殷勤工作的人，

其中一個選擇根據「使人和睦的人有福了」的教導，把自己獻身在鬥爭的人羣中間，努力締造和平。第二個人選擇去探望病人，而第三個人則選擇到沙漠去過寧靜的生活。第一個人周旋於人羣的爭吵之中，卻根本無法給他們排難解紛，因而走去尋找那個矢志照顧病人的人，然而，第二個人也垂頭喪氣，因他根本滿足不了這樣的誡命。接著他們同意去訪尋那位生活在沙漠的朋友，把自己的困難告訴他，並且詢問他的意見，看看他們有甚麼可作。他沉默了一會兒，跟著把水倒進一個碗子裏，對他們說：「看看那些水。」水在碗內翻動著。過了一刻，他叫他們再看一次，看看那些水怎樣平靜下來。他們看著碗內的水，尤如鏡子般看到自己的面容。他對他們說：「同樣的，當一個人生活在人羣中的時候，由於環境紛擾，他根本無法認清自己的罪，惟有當他平靜下來，特別在沙漠中的時候，他才會發現自己的弱點。」(Benedicta Ward, *The Wisdom of the Desert Fathers*)

這個故事不是教導我們怎樣藉著心靈平靜，在這個給暴力和戰爭弄得支離破碎的世界中如何「感覺好一點」，而是怎樣藉著心靈平靜去接觸自己作為問題的一部分。禱告帶領我們心靈平靜，心靈平靜帶領我們坦承自己那種好戰的罪性。使人和睦和探望病人都是重要的，然而，倘若我們不是帶著悔罪的心去做這些事情的話，根本不能結出果子。當我們在一塊明淨的鏡子中看到自己罪惡的本相時，才會承認自己也是一個時刻挑起爭端的人，從此，我們或會預備自己，開始謙卑地踏上和平之路。

第二章
抵抗

當第二次世界大戰將近結束之際，我才不過十三歲。雖然雙親巧妙地保護我和弟弟，在祖家荷蘭中不受納粹黨威嚇，但卻無法阻止我看著那些猶太裔鄰居怎樣被帶走，也無法阻止集中營這個名字進入我的耳中，在這個地方他們被驅趕，從此不再回來。直至戰後多年，我才知道猶太人遭受屠殺的邪惡一面，學曉「大屠殺」(holocaust) 這個字。到了四十年後的今天，我時刻問自己：「為甚麼那時沒有大規模起義運動？為甚麼那時沒有過千羣眾為著抗議種族清洗而遊行示威？為甚麼數以百萬計的宗教人士不強闖集中營，搗毀那些用來滅絕猶太人的毒氣室和毒氣鼓？為甚麼那些祈禱、唱詩、返教會的人不去抵抗在他們國土內，那股甚為顯眼的邪惡勢力？」

替這些問題尋找答案是重要的。然而，今天的我已不再是一個少不更事的十三歲男孩，對周遭世界一無所知。現在我已長大成人，就住在三叉戟核潛艇工廠幾英里以外的地方，這種武器在一秒鐘內所能殺害的人數，較多年前希特拉時代德國納粹黨以毒氣所能殺害的人數更多。今天的我見多識廣，完全曉得發生在危地馬拉的種族清洗行動，以及發生在聖薩爾瓦多的恐怖屠殺事件。今天的我是一個博學的教授，能夠清晰和具説服力地展示超級強國之間所花費不菲的軍備競賽，意味著世界每個角落成千上萬的人在捱飢抵餓。今天的我是一個曾多次聽聞基督話語的基督徒，知道以色列的上帝和耶穌基督，就是那位生命的上帝，在其中沒有死亡的影子。

今天我問自己一個問題：「我的禱告、我與生命上帝的團契，能否顯明在對抗周遭死亡權勢的行動中？或是那些今天十三歲的年輕人會同樣提出四十年前，當我還是少年人時也曾詢問過關於成年基督徒的問題？」我曉得我的沉默和冷漠會令四十年後的人不能再發問任何問題，因為這個世界正在籌備的不是一場種族大屠殺，而是對全人類的整體滅絕，那時人類不但無法提供答案，甚至連提問也不再可能了。

這樣的念頭一直縈迴在我的腦海中，這些關懷教我不斷思忖如何在今天及我生命的每一天作個使人和睦的人。我再不能夠這樣說：「我不知道發生甚麼事情。」我實在清楚知道假如我們不作點甚麼的話，事情將會怎樣發展下去。在今天要成為一個和平使者，需要把我的禱告外顯為具體的行動，沒有這些行動，我的禱告只會流於一種敬畏思想的虔誠表達，逃避為未來所當負上的責任。

對於這種想法，一直以來我都是很個人的，因為我感覺到在這樣的掙扎中我並不孤單，當我日復日地周遊各處，遇著許多同路客，他們看到我所看到的，聽到我所聽到的，讀到我所讀到的，為著同樣在過去數十寒暑間縈迴在我心裏的關懷，內心深處受盡煎熬。就像我一樣，他們試圖辨解：「除了禱告以外，我們壓根兒不能再作甚麼，因為我們有工作、家庭、社會責任，根本沒有時間去為和平作出貢獻。你不能作得太多，需要接納自己的限制。」然而，面對關乎每份工作、每個家庭，以及各種社會責任生死存亡的核子大屠殺的威脅下，他們和我都明白到，這些藉口都是站不住腳的。和平使命不再是一種選擇，而是為著所有人——不論他們的專業資格或家庭狀況如何——而必須擔在肩上的一份神聖責任。和平使命是一種生活方式，每時每刻涉及我們整個人。

在這些關於和平使命日常生活的反省中，我想聚焦一個重要的字眼，就是「抵抗」。作為和平使者，我們必須堅決抵抗戰爭和帶來破壞的一切勢力，並且宣稱和平是上帝賜予一切珍視生命的人的神聖禮物。

抵抗意味著向一切死亡權勢説「不」，不論它們身在何處；順理成章地，我們向一切生命説「是」，不論它們以何種形式與我們相遇。

説「不」

神聖必需

締造和平就是為生命工作，然而，相對於歷史上的任何一刻，我們受到更多死亡權勢所包圍。軍備競賽的急速升級製造出一種面臨死亡的情緒，以我們隱然感應得到的方式瀰漫在我們的思想和感覺之中。我們嘗試如常地生活和工作，但卻無法驅走死亡的呼號。這聲音説：「當一切事情都會瞬間消逝的時候，為何還要幹下去？當你疑惑最終學非所用時，為何還要學習下去？當你無法確保孩子的將來時，為何還要把他們帶到世上來？當一切最終都會變得虛無時，為何還要寫作、作樂、繪畫、跳舞和慶祝？」

我們知道一旦俄羅斯發動全面的核武攻勢，將會有一百四十萬美國人在數日內死亡；我們也知道美國的一次報復行動，將會最少奪去過百萬俄羅斯人民的性命。我們所能想及的這類事情已經對我們的思想與心靈造成極大的傷害，人類試圖透過殺害數以百萬計的同類來保存性命，這實在荒謬無比，至於「拯救生命」云云，已經了無意義。

我們這個世紀其中一件最令人悲哀的事情是：敢於對核武說「不」的人實在少得可憐，而且他們的聲音也太偶然、太柔弱了。當我試圖向自己解釋為何不去抵抗這些邪惡的黑暗權勢時，我會經常想到美國是那些遭受逼害的人的一處避難所——一塊充滿自由、無限機會、民主，以及援助納粹受害者的樂土。不錯，這是一塊曾解放自己國家的土地。這些觀念實在根深柢固，即使發生了一些邪惡事情，諸如約翰甘迺迪、羅拔甘迺迪，以及馬丁．路得．金等遭遇行刺，或是越戰的悲劇和水門的醜聞等等，我都始終認為這些事件不過是美國國土的一些令人難堪的例外。當這些事件愈來愈反映出與這個國家所宣稱的理想相去甚遠時，我實在很難相信昔日曾經發生在德國希特拉時代的事情今天仍會在這裏發生。畢竟，美國在對付納粹暴政上曾打了一場神聖的勝仗，這樣的暴政怎會橫渡海洋的另一端？

急速升級的軍備競賽促使數以百萬計人民賠上一生的精力去建造那些大殺傷力武器，亦令數以百萬計人民飽受飢餓之苦，我的許多朋友因著對急速升級的軍備競賽勇於説「不」而身陷囹圄，這一切逼使我慢慢地看清楚另一個我本不欲見，但卻無法迴避的美國。就是這個美國在儲備「先發制人的能耐」，然而，這種能耐不是單純地為了用以牙還牙的方式來防備遭受別人的核武攻擊，而是能夠先發制人，好讓他們在遭受傷害之前，先殺對方一個片甲不留。

這些朋友提醒我，任何奮力爭勝一場核子戰爭的計劃都與耶穌愛的教導，以及他在十字架上的棄械死亡完全背道而馳，不敢説「不」就是失信的標記。他們讓我看到那些準備犧牲數以百萬條性命，並且甘願發動一場核子戰爭的人並沒有犯上任何違法的事情，但是與此同時，那些因著良知呼喚，象徵性地拆毀今天奧斯維辛與達查斯(Dachaus)集中營的人，卻如罪犯一樣，被送進監牢裏去。

要改變自己的思想和感受到一個程度，讓我願意為著那些「犯法」的人辯護，從而宣告另一條更高的律法——我曾為此奉上一生的愛的誡命——實在是非常困難的。但假如我真心相信耶穌基督是和平之子——他不曾選擇去要求天父為他「差遣十二營多天使來」(太二十六53～54)，卻選擇解除武裝，在十字架上徐徐死去——的話，我怎能不同樣作個和平的人呢？我怎能在今天或在將來依舊無慟於衷，作個歉咎的旁觀者，容許死亡勢力去摧毀百萬條有軀體有良知的生命呢？不去抵抗使我們成為核武大屠殺的幫兇。

「原初」景況

核武威脅把人類帶進一個從未遇上的景況。歷史充斥著人與人之間的暴力、殘酷與暴虐行為。城市、國家，甚至整個文明給人從這個星體上被抹掉，百萬人民成為憎恨與報復的受害者。然而，在此之前，人類從沒想過會邁向集體自殺、摧毀整個星體，甚至把歷史帶入終局的境地。這種叫人心寒的能耐甚至不曾在二次大戰期間出現，那次戰爭結束時在廣島及長崎所投下的原子彈給我們烙下了下一場戰爭的模樣，但將來的世界大戰卻不能與任何一場歷史戰爭相比擬，那場戰爭不但終結一切戰事，甚至終結一切和平。

全因為這種「原初」景況，我們必須毫不保留地向戰爭說「不」，戰爭再不能被視為某些人在某個時期所認定的一種必然狀況。當人類自身的生死存亡成為賭注的時候，我們便不能夠容讓自己轉目至其他急務上，因為核子戰爭所威脅的不僅是數以萬計的生靈，更涉及將來那些亡靈受人記念的世代。這種威脅淩駕在其他威脅之上，因此我們需要作出抵抗。一小羣「頑逆」的人踰闖核武設施的圍牆，登上核子潛艇，或以軀體擋在核武運輸車隊面前，就是為了嘗試喚醒我們認清我們所一直忽略或否認的事實。他們人數雖少，但我們卻不可掉以輕心。

回顧歷史，真相甚少由大多數羣眾表達出來，我們愈來愈明白統計學不能夠為我們帶來真相。以色列的先知、耶穌及他的門徒、歷史上一小羣的聖潔男女等令我們不禁思忖「這羣瘋狂的反戰分子」是否應當成為我們今天皈依的重要人物，正如八個世紀前聖法蘭西斯和他的門生一樣，他們那響亮、清澈，經常帶有戲劇效果的「不」令我們不禁細思到底**我們**應當說出一個怎樣的「不」。

死亡的親密權勢

當我嘗試歸納核武威脅對我的影響時，我發現到它不但帶我面向一個全新（和原初）景況，更讓我以一種嶄新角度來看待那份對死亡古舊的和每時每刻的迷戀，原是我們日常生活中不可或缺的一部分。面對著人類的整體死亡，逼使我去質疑，死亡早已藉著一些巧妙的方法把我們玩弄於股掌之間。

三叉戟核潛艇的導彈能夠在一次攻勢中摧毀多個城市和無數性命，實在是人類所曾製造過最為險惡的死亡機器。然而，假如我們著手對這個人手所建的破壞怪獸說「不」時，我們不也應該對一些我們也參與其中，只是不太引人注目的死亡遊戲說「不」嗎？因著我們製造了三叉戟核潛艇和其他核武系統，我們成為了死亡權勢的受害者。其實不僅如此，死亡的眾多勢力那種近在咫尺、無處不在的狀態，是我們所不願意承認的。

我們樂於接受那怕是一場核子戰爭的可能已是死亡對我們一種更廣更深的操控，除非我們願意撕破那些隨時隨地運作不息的死亡勢力的面具，否則我們無法成為一個真正的和平使者。對核武軍備競賽說出一個誠實的「不」，需要我們對隱藏在我們心思暗角裏的死亡說「不」。世界和平與心靈和平不能夠彼此分割。我們毋須回答這樣的問題：「那一個更為重要，心靈和平還是世界和平？」也不應被諸如和平當從內裏出發還是外在出發等爭論分散我們的注意力，內在和外在的和平絕不能彼此分割。和平工作就如一個鐘擺，從我們內在深處的暗角，延伸至最為複雜的國際議題上。因此，我們對死亡勢力的抵抗，必須如和平本身一樣既深且廣。

與死亡作樂

在不久之前，我探訪了一所嚴格的美國預科中學，當中大部分男孩女孩的家庭都相當富裕，他們全都非常聰明醒目。他們友善、舉止得體、勤奮上進，我不難聯想到有朝一日，他們許多人會身居要職，駕著名貴房車，住進豪華洋宅裏。

一天晚上，我與這羣學子聯袂到學校禮堂去觀賞一齣電影，這套電影名叫《鬼馬兄弟》(*The Blues Brothers*)，我實在無法相信當時我所看到和聽到的情景。屏幕上充斥著對超級市場、房屋和汽車的肆意毀壞，但禮堂裏卻瀰漫著一片從這羣有教養和聰穎的年輕人所發出的興奮歡呼聲。當他們看到那些代表著他們富裕生活的象徵物遭受徹底蹂躪的時候，無不高聲尖叫，就像他們的球隊贏得冠軍一樣。當汽車給打個稀巴爛，房子遭到縱火，高樓被拉倒塌的時候，那個坐在我身旁的小伙子便告訴我，這實在是其中一部最昂貴的「有趣」電影。就是這樣，數百萬元花費在我認為拍得一團糟的膠卷裏。沒有人被殺，只為博君一笑。然而，《鬼馬兄弟》的破壞行徑卻還沒有觸及人類無所事事的景況。

在這個世界中，許多人死於恐懼、飢餓，和與日俱增的暴力事件，但與此同時，又有人把一筆龐大的金錢用在破壞之上，藉此娛樂一羣勤奮向上的年輕美國人，這到底意味著甚麼？這羣將來一代的領袖，其首要任務是否阻止核子戰爭的爆發，以及制止軍備競賽呢？

我給大家報道這則看來有點無知的事情是想指出一個事實，許多今天被設計出來的娛樂，是為了滿足我們對暴力和死亡的迷戀。我們虛耗了不少光陰，當中塞進我們腦海中的形像，不單是給解了體的高樓大廈和汽車，還有亂槍掃射、暴力虐待的鏡頭，以及林林總總人類暴行的表現形式。有一次，我在飛機上認識了一位越戰老兵，他告訴我當他年青時，在電視節目上看到許多人被殺的鏡頭，及至他到了越南，他無法相信那些遭他殺害的人，竟然從此不能再站立起來，在另一個回合中出現。死亡曾是一種不真實的演出，但越戰卻喚醒了他看清事情的真相：死亡是真實的，無轉彎餘地，也醜陋非常。

當我誠實地面對自己時，我也不得不承認，自己也經常受誘於死亡那種叫人好奇發癢的能力。我很喜歡看人在懸在大峽谷上面的鋼纜上行走；當我看到空中飛人在沒有安全網的情況下在空中翻筋斗時，我會在他們下面使勁地咬著指頭；至於那些花式機師、電單車手，和賽車選手為著打破紀錄，或表演一項驚人絕藝而以生命作賭注時，我會看得瞠目結舌。從這個角度看來，我與喜歡觀看劍士以死相拼的大羣羅馬人，又或是古代甚至當今喜歡走到公開刑場看熱鬧的羣眾沒有甚麼分別。

任何認為這些真實或想像出來的死亡遊戲，是處理我們「死亡天性」或「好勇鬥狠的幻想」的健康方法的建議，都應該被視為毫無根據、未經證實，或不負責任而予以摒棄。不論在現實上或只在想像中把我們對死亡的期想付諸行動，都永不可能使我們靠近和平一點點，對於內心的和平是如此，對於我們生命的和平也一樣。

致命判決

然而，我們對死亡那種先入為主的觀念，遠遠超於在肉體層面那些真實或想像出來的暴力參與。我們發現自己在不斷參與一些不太引人注目，但其破壞力卻絲毫不減的死亡遊戲。在我出訪尼加拉瓜，以及其後一連串在美國發表關於尼加拉瓜人民的演説和談話中，我愈來愈明白到那些急奏章的判斷和定論，能夠怎樣把人民和國家改頭換面，成為一些遭受扭曲誤導羣眾的諷刺漫畫，因而給破壞和戰爭提供一個讓人欣然接受的藉口。片面地把尼加拉瓜説成一塊馬列思想、極權主義，和無神信仰的土地，使我們腦海裏泛起一隻龐然怪獸，需要我們立即作出攻擊，將其毀滅。每當我談及尼加拉瓜的人民和他們深厚的基督信仰，以及他們為著一點經濟獨立的掙扎、他們對好一點的醫療服務和教育的渴求、他們能夠自主將來的盼望的時候，我都得面對這等食古不化的定型思想。人們會如此說：「我們豈不知道俄國想在那兒建立據點，好使我們愈發受到共產黑暗勢力的威脅嗎？」這樣的評論讓我明白到，遠在我們發動戰爭、殺人或滅族之前，我們已在思想上對仇敵進行殺戮。我們憑空想像，認為根本不可能與他們建立真正與親密的關係。當那羣與我們同樣會吃會喝會睡會遊戲會工作會彼此相愛的男女老幼被抽象地冠以共產魔頭的時候，我們便會被呼召——被上帝呼召——去進行清剿，戰事無可避免。

納粹黨成功地把一羣我們稱為猶太人的具體人類放進這樣的空想裏，並且把他們提升為「猶太人問題」。抽象的問題需要抽象的解決辦法，而猶太人問題的解決辦法便是毒氣室。在進入毒氣室的過程中，也有許多剝奪猶太人尊嚴的階段方案：把他們從非猶太族裔隔離、貼上黃星徽章，並把他們放逐至老遠的集中營。因此，猶太人愈來愈不再成為我們當中的一分子，變得愈來愈陌生，成為沒名字的某某，最後成為了「問題」。

當我反省二次大戰的各種慘狀時，我明白到許多暴行在具體發生之前早已存在於人們的腦袋裏。今天，一種類似的進程似乎正再度出現，我們需要就著尼加拉瓜人民、古巴人民，以及俄羅斯人民「整頓我們的思想」，因為腦海中關乎這些受造人類的抽象理念，往往是死亡權勢所給我們帶來的第一個產品。

因此，對死亡說「不」，應較對具體暴行，不論是戰爭或娛樂說「不」提早許多，它需要我們深深委身於耶穌的話語：「不要論斷人。」(太七1) 它要求我們對一切心靈與思想的暴力說「不」，我認為這是其中一門最難實踐的紀律功課。

其實我也不斷就著其他人的舉動而「整頓自己的思想」：「他不是來真的。她只是想引起別人的注意。他們不過是一羣烏合之眾，一心只想搞事。」這些論斷無疑等於道德謀殺。我給別人貼上標籤，把他們分門別類，好與他們保持一段安全的距離。因著對別人的論斷，我把錯誤的擔子壓在自己的肩頭上，把世界硬分為好人與壞人兩部分，扮演著上帝的角色。然而，每一個扮演上帝的人，最終卻只會淪為魔鬼。

論斷別人意味著我們總是站在那些弱者、破碎者，以及犯罪者所處身的地方以外，這是一種狂傲與自大的表現，不單看不到他人的需要，更看不到自己的本相。保羅清楚地說：「你這論斷人的，無論你是誰，也無可推諉。你在甚麼事上論斷人，就在甚麼事上定自己的罪；因你這論斷人的，自己所行卻和別人一樣。我們知道這樣行的人，上帝必照真理審判他。」(羅二1～2)

一個和平使者從不論斷他人——不論斷他或近或遠的鄰舍，不論斷他的朋友，也不論斷他的敵人。我深受這種思想所感動，它幫助我想到和平使者的心靈是怎樣安放在上帝那裏，他們毋須評估、批判，或是衡量別人的重要性。不論他們的鄰舍是何許人——北美洲人、俄羅斯人、尼加拉瓜人、古巴人，或南非人——他們也能夠視他們為同樣的人類、同樣的罪人、同樣的聖者，同樣需要別人以上帝的愛去傾聽、注視和關懷，他們同樣需要別人給予空間去承認他們為人類大家庭的一分子。

我清楚記得曾遇上一個永不論斷他人的人。一直以來，在我周遭的都是一羣喜歡就著別人發表意見、說三道四的人，但是那次與他的對談中，初時我感到有點茫然若失。假如沒有任何人成為你談論的內容或是批判的對象時，我們還有甚麼好說呢？然而，發現到他並沒有論斷我，我逐漸經歷到一種全新的內在自由，我知道自己毋須防備和隱藏，在他身旁我可以表達真我，毫無懼怕。透過這位真正的和平使者，展開了一段全新層次的對話，當中所依據的不是競爭或比較，而是共同讚嘆那位被差到世上來，「不是要定世人的罪，乃是要叫世人因他得救」(約三17) 者的大愛。透過這個人，我明白到對於耶穌——就是上帝已把一切審判事情交託給他的那一位 (參約五22) ——來說，審判的另一個名字是仁慈。

這次遭遇繼續影響著我的生命，長久以來我都單純地以為我需要就著每個人和每件事情擁有自己的意見，好讓我活好日常的每一天。但這個人卻讓我領悟到，我毋須背著判斷別人的重擔過活，可以自由地聆聽、觀看、關懷，以及坦然地接受別人贈送給我的禮物。我愈發從內裏那種催促著我儘快弄清別人「真身」的思想中釋放出來，便愈發感受到人類這個大家庭從四方八面一直延展至這個星球的每個角落。真的，向論斷暴力說「不」，帶領我進入和平使命的非暴力世界裏，讓我可以擁抱所有與我一同分享生命的人，視他們為我的兄弟姊妹。

屬靈自殺

不但如此，作為和平使者，我們必須存著勇氣直視死亡權勢甚至在我們內心深處作工的事實，因為在我們的所思所感中盡是這類勢力的影子。沒錯，在我們最裏頭的意念也能被死亡玷污腐蝕。

當我反省自己內裏的掙扎時，我得承認其中一個最令人難以突破的掙扎便是接納自己，肯定自己是一個被愛的人，慶賀自己的生命氣息。有些時候，彷彿有一把邪惡的聲音隱藏在我的內心深處，試圖說服我認定自己是一個毫無價值、一無是處，甚至卑鄙無恥的人。這或許有點奇怪，然而，這種內裏黑暗的聲音有時卻較家人朋友、學生師長、支持者同情者等所給予我的讚賞更具威力，它們恰恰會這樣說：「不錯，但他們卻壓根兒不了解我，看不到我裏頭是多麼的醜惡。假如他們看透一點，便會發現我是多麼的鄙俗、自私，繼而速速收回他們的讚譽之詞。」這種自我厭惡的聲音或許是和平使者最大的敵人之一，誘惑我們屬靈自殺。

福音的中心信息是上帝差遣了祂的愛子來赦免我們的罪，使我們成為新造的人，不因自我拒絕、自責痛悔和罪疚感而癱瘓了我們的生命，安好地在世上過活。憑信心接納這個信息，誠心相信我們已被赦免，或許是我們所要面對的其中一個最具挑戰的屬靈戰爭。不知怎的，我們就是無法從自我拒絕的景況中得著釋放，把那份罪疚攬在身上，彷彿全然地接納別人的寬恕會令我們面對一個更新更糟糕的責任，那是我們害怕接受的。抵抗是和平使命的重要元素，而抵抗者的「不」必須直搗他們的內心，與那份自我厭惡的死亡勢力抗爭到底。

我時刻思忖自己那麼猶豫去成為一個和平使者，只因我仍然無法接納自己是一個已被赦免的人——一個毫無恐懼，全然自由地述說真理、宣告和平國度的人。有些時候，那份邪惡與死亡的惡魔力量彷彿引誘著我去相信自己根本不值得擁有那份自己一直致力爭取的平安，於是我變得自責、防備，甚至自我挫敗，經常猶疑地去領受那份早已施予給我的恩典，並且不敢直說：「作為一個被饒恕的人，我得高呼和平，那是饒恕的果子。」

我內裏的掙扎並非我所獨有，我與許多人分享過這等事情，在自我肯定的行為與物質成就的背後，原來有許多人瞧不起自己，他們或許不會表現出來——皆因在社交層面上這是不為人所接受的——然而，他們確實受到傷害。過去不少失敗與成功所衍生的低落情緒、內在憂慮、屬靈失落感，以及(最叫人苦不堪言的)罪疚，卻時刻在那些極受人尊敬的紳士淑女身上聯袂出現，這些感覺就像微小的齧齒動物一樣，慢慢地吞噬我們生命的根基。

我個人相信，要與這等自殺式的內在力量爭戰，較諸其他屬靈爭戰更難應付。假如那些信靠耶穌基督的人能夠全心相信自己已被赦免、得著無條件的愛，並且被呼召去藉著那位饒恕萬民的主宰的名字去宣告和平的時候，我們的星球便不至落在自毀的邊緣了。

無遠弗屆的「不」

要設法把和平使者的「不」從對抗核子戰爭延展至充滿暴力的大眾娛樂、極具破壞性的扣帽子行為，甚或自我憎惡的態度等等似乎是大勢所趨，然而，當我們嘗試發展一種和平使命的靈性時，我們不能夠把自己局限在單一的抵抗模式中，而需要顧及所有層面，即使驟眼看來彷彿走過了頭。我深深相信我們必須把各種抵抗形式聯繫在一起，就如抵抗是一項偉大工程的各部分一樣。和平主義者願意冒著失去自由的危險去阻止核武大屠殺，但與此同時又容許自己的腦袋裏常存各種暴力影像，給他人冠上惡名，又或容讓憎惡自己的情緒不斷滋長等，這樣的生命見證都不可能維持多久。整全的屬靈抵抗需要對任何冒出死亡的地方說「不」。

哪兒有生命，那兒便有行動與成長。哪兒把生命顯現出來，我們便得在那兒迎見驚訝、意外轉變，及恆常更新。生命總不會恆久不變，活著就是不停地面對不可知的將來。生命需要信任，我們永不可能清楚知道下週、明年或十年後的所思所感所行，活著的重點就是信靠那不可知的將來，順服在一切不可預料的奧祕之中。

在我們那個時代，任何事情都教人不可觸摸，生命無常是如此的叫人害怕，以至我們情願選擇面對確鑿的死亡，也不願面對無常的人生。有許多人會這樣說或作：「清楚知道你的憂愁，較不肯定你是否快樂來得更好。」把這句話放在另一些處境中，我們可以這樣理解：「有一夥壁壘分明的敵人，較與一羣不確定能否友誼永固的人相處來得更好」；或「請求別人接納你的弱點，較不斷埋首克服它們來得更好」；或「乾脆被別人當作壞蛋，較在不斷轉變的環境中時刻扮乖來得更好。」看到許多人寧靜選擇面對確實的悲劇，而不去探求不確定的喜樂，實在令我非常驚訝。這等於選擇死亡，當明天似乎不值一信時，這種選擇卻愈來愈叫人心動。

我回想起童年時期的恐慌經歷，記得其中一次當我認真嘗試，似乎快要成功之時，卻想著要放棄。我對自己這樣說：「假如你不確定會否得到別人的讚賞，為甚麼你不從踏板上調頭走，繼而放聲大哭，這樣，你肯定會得到別人的同情。」這類童年回憶給予我一個印象，原來世界上所有人都會面對這樣的試探。當生命滿足感看來遙遙無期時，人就會受誘去選擇死亡的滿足感；當將來變成一個暗淡無光，令人害怕的未知世界時，選擇今天已有的滿足感，即使那些滿足感是多麼的片面、含糊，帶著死亡氣息，也還是具有相當的吸引力。

未來日子不單變得黑暗和令人恐慌，而且還變得漂浮不定，這種充斥著核子危機的處境實在較諸以前任何世代更容易誘導人去尋求當下一時的快樂，因此，我們不難察覺到一種以死亡為本的自我放縱態度正在與那種質疑將來能否繼續活下去的信念同步滋長。迷戀死亡與享樂主義親密相交，因為慾望與死亡使我們從那叫人憂慮的將來轉移視線，把我們囚禁在此時此刻那種讓人片刻歡愉的確定中。

和平任務需要在一切可能的形式中對死亡作出清晰的抵抗，我們不可以在向核武所引致的死亡說「不」的同時，不向一些不太容易察覺得到，但卻同樣令人憎厭的死亡形式——諸如墮胎和死刑——說「不」。作為和平使者，我們得去面對當今人們痴戀著的各種死亡形式和由核武屠殺所造成的生靈塗炭兩者之間的親密關聯。藉著認清自己日常生活中許多「無知的」死亡遊戲，我們逐漸明白到我們是那個複雜肇戰網絡的一部分，核武屠殺只是當中最具毀滅性的一種表達形式。

真正的抵抗要求我們謙卑地承認我們與那個著力抵抗的邪惡原是一丘之貉，這是一個非常困難，看似沒完沒了的紀律操練，我們愈說得多「不」，便愈發現死亡的無處不在；我們愈抵抗，便愈發現更多需要我們抵抗的事情。這個世界——我們是當中的一個親密部分——實在是撒但的地盤，當魔鬼向耶穌展示世上萬國榮華的時候說：「你若俯伏拜我，我就把這一切都賜給你。」(太四9) 耶穌並沒有爭辯這些國度是否屬於撒但，祂只是拒絕敬拜牠。世界及其中的國度服在惡靈的破壞勢力底下，就是破壞與死亡的靈。核武威脅揭示了這個真理的終極含義：不是那位以愛創造世界的上帝要毀滅世界，而是我們一手造成這種局面，因為是我們容許撒但的死亡勢力操控自己。就是這種形勢著令我們要全方位對死亡說「不」成為一件如此刻不容緩的事情。

說「是」

不要與惡魔直接單挑

就在我討論抵抗的「不」的同時，我已經略為提及抵抗的「是」。很明顯，只有當我們全然與生命力量保持聯繫時，對死亡勢力的抵抗才會變得有意義。事情最終的重要性不在於我們克服了死亡，而在於我們一同慶賀生命。

我發現到集中探討怎樣與破壞勢力爭戰是具有危險性的，也會帶來很大的傷害，當我容許自己的心思去經驗核爆會把我們的星球造成何等模樣時，我總會意識到一團漆黑圍繞著我，把我拉進沮喪與絕望的深淵中。當我試圖面對那些早已抓住了我的死亡勢力時，我總覺得軟弱無力，因而與自己的生命源頭失去聯繫。淪為抗爭對手的受害者，實在是多麼容易啊！當我把全副精力用在抗拒死亡時，死亡便會愈發擄獲我更多的注意力，那是它不值得得到的。因此，我對抗死亡黑暗權勢的努力竟成為自我誘惑的競技場。我時刻思忖，我個人的沮喪以及其他許多朋友的沮喪並不算是個不吉利的兆頭，反倒是我們多番説「不」的意圖早已把我們傷害得體無完膚，雖則我們並不想承認這一點。

四世紀時期居於埃及曠野的修士給我們送上一則非常古舊的智慧：「不要與惡魔正面交鋒。」沙漠教父認為要與邪惡勢力正面交鋒，便需要有相當的屬靈成熟程度，而且還得過著聖潔的生活，這是很少人辦得到的。他們教導自己的追隨者，與其耗費大量精力於黑暗王子身上，倒不如聚焦在光明之主身上，如此，他們便能簡接地、確實地擊潰惡魔的權勢。沙漠教父又認為，與惡魔正面對峙，無疑等同給予對方一份關注，這正好是牠們所希望得到的，一旦引起了我們的注意，牠便有機可乘去蠱惑我們，這便是墮落的故事。夏娃所犯下的第一個錯誤便是聆聽蛇的說話，繼而認為值得對牠作出回應。一旦撒但得到了她的注意，便不難把禁果送進她的嘴裏。

早期基督徒的智慧對和平使命非常重要，我作為和平使者所要面對的試探，就是低估死亡力量的權勢，因而與牠們正面交鋒。然而，正正由於我是一個如此罪孽深重、傷痕累累的人，這些力量拿捏著我的把柄，輕而易舉地把我糾纏到牠們的網羅裏去，只有那位無罪無玷污的基督才能克勝死亡。以為單憑自己的力量可以面對死亡而仍能存活，實在是過於天真了。

這裏我們觸及和平使者所要面對的其中一個最大的危險：和平使者本身成為了他們原打算克服的那些邪惡勢力的受害者。「敵人」所引發的恐懼促使好戰者發動戰爭，亦是同樣的恐懼開始影響著和平使者，使他們視那些好戰分子為「敵人」。憤怒和敵對的言詞逐漸打進和平使者的話語中，即使是激發著軍備競賽的催逼感和危機感，也能成為和平使命背後的原動力，這樣，戰爭策略與和平策略再沒有分別，和平使命也失去了它本有的心懷。這絕對不是紙上談兵，當我愈來愈無情、憤恨和惱怒，一心只想著那些怎樣把別人弄進自己陣營來的方案，不再散發任何我本想讓這個世界看到的和平標記時，我又怎可期待自己能夠說服、吸引和鼓勵任何人成為和平使者呢？

造成那麼多人對和平運動如此保留的其中一個原因，正正是他們在和平使者身上看不到他們所尋求的那份和平。他們所常見的反而是一羣恐懼和憤怒的人試圖說服其他人明白他們抗議行動的迫切性，因此，和平使者時常揭示更多他們所努力抗爭的惡魔行為，卻鮮把他們所想望的和平陳現人前，這不能不說是悲劇一樁。

愛你的仇敵

耶穌的話語直指我們掙扎著的內心：「你們的仇敵，要愛他！恨你們的，要待他好！咒詛你們的，要為他祝福！凌辱你們的，要為他禱告！」(路六27～28)我愈思想這段說話，便愈認為這是對和平使者的考驗。我不當以憤怒、拒絕、怨恨和厭惡來對待我的仇敵，反倒去愛他們。歷史中許多屬靈導師都曾經說過，愛仇敵是耶穌信息的根基，也是聖潔生活的核心所在。

然而，對於我們這羣終日擔驚受怕的人，愛仇敵是一項極大的挑戰，因為我們的懼怕逼使我們把世界分成兩部分：支持我們與敵對我們的人；值得我們去愛與令我們憎恨的人；朋友與敵人。這一切的區分肇始於一種錯誤的觀念：我們的身分是由周遭的人所決定，以至我們的所思所感全賴他們的言語、思想和舉動。因此，愛仇敵就是要逼使我們揭開這種錯誤觀念的面紗，按著上帝那份顯露人前及無條件的大愛普愛世人——不論他們的性別、宗教、種族、膚色、國籍、年齡，或智力。我們這羣終日惶恐的人把朋友和敵人區別出來，但我們那位慈愛的上帝卻不會這樣作。因此，對於和平使者而言，深深植根在上帝擁抱一切的大愛中是非常重要的，祂「叫日頭照好人，也照歹人；降雨給義人，也給不義的人。」(太五45) 只有深深植根在上帝包容一切的大愛裏，才能使和平使者免受那會造成戰爭的憤怒、怨恨和暴力的侵害。

這一切與抵抗事情有甚麼相干呢？這裏的意思是只有一顆愛人的心，一顆在何時何地都能持續確定生命的心，便能對死亡說「不」而不受其污染。一顆兼愛友敵的心能夠呼喚和慶賀生命，這顆心拒絕服在死亡之中，因為它時刻為豐盛的生命著迷。說實在的，只有在這種對生命充滿著澎湃大愛的「是」的處境中，才能把死亡權勢打倒。因此，我盼望於此能夠儘量清晰地說明和平使者最優先和主要處理的事情不是去與死亡奮戰，而是喚起、肯定，以及培育各處彰顯生命的標記。

尋找溫柔與脆弱的生命

死亡是很單調的、一致的、不變的，但它也可以是盛大的、喧鬧的、嘈雜的，和浮誇的。一列軍隊巡遊，當中高傲地展示著坦克裝甲和巡航導彈，前後被一羣紀律嚴整、服飾一致的士兵簇擁著，這便是死亡力量的一種典型示範。生命卻不是這樣。生命是非常脆弱的，在嗷嗷待哺的階段，生命需要保護——一株緩緩開著花朵的植物、一隻欲試離巢的雛鳥、一個牙牙學語的嬰兒——是何等的微小、隱祕和脆弱。生命不會把自己推往前台，只想留待後方，猶豫地不肯探出頭來。生命只發出柔弱的聲音，很多時候它的聲音柔弱到彷彿是寂靜的一部分，讓人難以細聽。生命的動作很柔和：不焦不躁，輕盈的碎步讓人難以看到當中的進度，惟有心領神會。生命的觸撫也很輕柔，它不會掌摑或揮拳，只會柔抱和輕撫，讓我們柔聲地說：「安靜點，她睡著了。」然後加上一句：「你來看看，她是否很漂亮？你想抱她一會嗎？小心點啊。」

那些抵抗死亡權勢的人獲召時刻及到處去尋找生命，尋找這種溫柔與脆弱的生命正是真正抵抗者的標記，這是我從那些獻身抗爭到底的朋友中所學曉的。他們教我再次欣賞生命的美麗：其中一人每星期騰出一個下午去探望癌症病患者，有些人去服事智障人士，還有些人花時間與精神病院舍裏孤寂的人待在一起。不知怎的，他們與死亡勢力的直接接觸，讓他們明白到生命的可貴，就在那些軟弱與極為柔弱的地方，給予了他們確認生命的渴望。他們對那些受著傷害的人所奉上的沉靜而不鋪張的關懷，對他們而言，成為了抵抗的一種真正形式。

不要撲滅那搖曳的火焰

這實在開了我的眼界，重新審視生命。乳育嬰孩似乎是多麼的自然、顯淺，並不令人怎麼意外的事情，然而，對於那些深深體會到我們所處身的這個星球正逐步邁向完全滅亡，這一刻鐘只能確認昨日與今天，但對將來毫無指望的情況下，讓新生一代能夠生存下去便成了一項抵抗行動。全賴他人的關愛，把一個幼童帶進這個世界來，讓他日漸成長，這便是對死亡及黑暗勢力的真正挑戰，並且高聲喊著説：我們確信生命強過死亡、仁愛強過恐懼、希望強過絕望。

我還清楚記得我的朋友甸恩怎樣提及他與妻子姬蒂期待嬰孩出生的情況。甸恩因著在一次稱為「犁頭」的解武行動中公民抗命而身陷囹圄數個月，他亦可能因此而要面對另一次判決，這次的牢獄生涯或會長達數年之久。然而，正當他們憂心他們的個人將來，又極度關注世界未來的當兒，等待這個嬰兒的到來，就像另一種抗命一樣——向那只讓生命化為死亡的權勢公然抗命。哈拿的到來，就像是生命擊退死亡的神聖勝利的一個標記。

認識甸恩與姬蒂多年，一直追隨他們對核武軍事競賽的艱苦奮鬥，我能夠以一種嶄新的角度去認識哈拿，是我從未如此看待其他孩子的。這個既幼小又脆弱的新生嬰孩，用她那雙漂亮的黑眼睛，滿懷信任地凝視著我，像是向我訴説一些關乎抵抗的全新意念，是我從來沒想過的。她告訴我縱然樂觀思想顯得多麼荒謬，盼望仍舊存在；縱然人們因著恐懼而離世，愛心依然不滅；縱然今天的文明世界因著自身的急速衰殘而披上哀衣，我們仍有理由去歡呼慶祝。

當我把小哈拿抱在懷中，看到甸恩和姬蒂那種深情的愉悦，我曉得那領著甸恩步進監牢、向死亡斷言的那個「不」，正是一個如此充滿著盼望的「不」，因為在它的背後，支撐著一個對生命堅強而無懼的「是」。在我臂彎上的小哈拿，讓我輕易地把抵抗核武與保護未生嬰孩兩件事情關聯起來：照顧在智力上和身體上嚴重傷殘的人士，給予長者生活支援，捍衛那些死亡輪候冊上的囚犯的生命，以及接觸那些生命朝不保夕的所有人士。「壓傷的蘆葦，祂不折斷；將殘的燈火，祂不吹滅。」(賽四十二3)生命之主就是這樣的一位主宰。在我們這個講求效益、實用，並且愈來愈取巧投機的社會中，那些軟弱的、身陷囹圄的、身心破碎的，以及瀕死的人已愈來愈沒有藏身之所，那束被壓傷了的蘆葦，指日可斷；那團將殘的燈火，也時日無多。

當我反省到對生命的確認就是一項抵抗行動時，我逐漸意識到在生命中有三個層面，是與死亡勢力完全對立的，它們是謙卑、憐憫，和喜樂。因此，生命的這三個層面，必然成為抵抗者「是」的特徵。來到這裏，我願意進一步探索一個謙卑、憐憫與喜樂的「是」，如何讓人達至真正的平安。

謙卑的「是」

首先，和平使者對生命的「是」就是一個謙卑的

「是」。「謙卑」(humble)這個詞源自拉丁文的「*humus*」，它的意思是「土壤」。謙卑的人與泥土相靠，因而能夠明白和體會他們的生命與他人的生命息息相關。假如我在拉丁美洲之旅學到甚麼的話，就是學曉了貧窮人的謙卑。他們的謙卑與自貶身分或自我反省無關，而是與土地和人倫密切關聯。我們當今的文明社會過分強調與眾不同、獨特和特別，實在很難與其他人保持真正的聯繫。對於我們來說，最重要的問題是：「我怎樣變得與眾不同？」這個問題時常朦住了我們的視線，以至我們看不到我們與其他人作為受造人類的根本相同。謙卑就是欣然接受自己屬於這個受造世界，我們同屬一羣受造人類，與一切生靈及其中作為息息相關。一旦我們過度關注自己的獨特之處，我們便會把自己置身於比較和爭競的危險境地。倘若國家與各大陸爭相追隨這條道路的話，暴力、戰爭，甚或全球性自殺便極可能發生。然而，倘若我們願意承認，甚至慶賀我們作為人類的親密關係時，我們便會踏上和平之路。不論是老練的或是幼嫩的、聰穎的或是吸引人的、陌生的或是友好的、俄國人或是美國人等，在作為人類大家庭的一分子，這一切分別都顯得毫不重要了。我們可以自由地宣告：「我與他人本無分別，我樂意如此！」

和平使者的「是」是一個謙卑的「是」，這是十分重要的。謙卑讓我們把與一位情緒低落的朋友共渡一個寧靜的下午，與參與任何特定的和平行動看得同樣重要。誠然，外顯的與公開的和平行動，對提高人們就人類自大與驕傲所引致的罪惡後果的意識相當重要，但是與一個活在痛苦中的朋友「經過」一個下午卻是一次慶賀我們共同人性的謙卑舉止。這樣的簡單舉動就如撒下芥菜種籽一樣。

探望患病者、餵飽飢餓者、安慰垂死者，或是安置無家者等，或許未能引起公眾注目，而且當我們放在可能發生的核武大屠殺的視角中時，更常被認為是毫不相干的。很多聲音會這樣說：「當我們考慮到如何立刻制止軍備競賽時，這些無關痛癢的愛心行動只會浪費時間。」然而，和平使者知道真正的平安是一份神聖的禮物，與成功和普及的數據或考量無關。和平就像生命本身，它靜靜地、溫和地展現它自己。誰能說「花掉一個下午」與一個患病的朋友相處是對「真正」和平行動的一種干預？這或許是對和平最真實的貢獻呢！誰曉得？耶穌所選擇的方法是謙卑的方法，他呼召我們：「我心裏柔和謙卑，你們當負我的軛，學我的樣式。」(太十一29) 對所有形式的生命發出一個謙卑的「是」——即使沒有多少人注意——

也肯定了人際之間深刻的聯繫，並且形成了和平的真正基礎。

憐憫的「是」

和平使者的「是」也必須是一個充滿著極大憐憫的「是」，這個「是」時刻把那些受著具體的、獨特的苦難的個別人士記掛在腦海中。在過去的數年間，我愈來愈意識到一種試探，就是把注意力放置在事情上面，而不是放置在人身上。然而，當我們的和平使命單單關注事情本身時，我們便會很容易失去當初的慈悲心腸，變得冷酷、計較，和非人化。當我們與事情奮鬥，再看不到具體人士的獨特個性和歷史時，一種爭競氛圍便會操控著我們的憐憫之情，最終，贏了事情卻意味著失去別人。世界上有無窮無盡的問題——貧窮、壓迫、剝削、腐敗——需要我們迫切地作出解決。然而，人不是問題本身，他們會微笑和哭泣、工作和遊戲、奮鬥和慶祝，他們各自有自己的名字和臉孔，需要我們記掛在腦海中。

我首次前往祕魯，源於深深受到拉丁美洲那些燃眉事件所觸動。我聽到及讀到關於文盲、營養不良、疾病肆虐、嬰兒早夭，以及其他許多問題，我因著自己的優越位置而感到難堪，無法再忍受自己那種「光鮮的隔離」，希望能夠作點甚麼來減輕周遭人們的苦楚。然而，當我真正踏足祕魯，並開始在那兒生活的時候，我首先意會到的並不是甚麼事件，而是一個個具體的人：受著背痛折騰的蘇菲亞、連番失業的帕寶、夢想得到一個洋娃娃的瑪利亞、希望到圖書館閱讀書籍的帕列圖、喜歡給我開玩笑的桑尼圖。毫無疑問，他們都是貧窮、壓迫與剝削的受害者，然而，他們向我所要求的卻並非怎樣去解決他們的眾多難題，而是要求我成為他們的朋友，與他們一同分享生命，與他們同哀，也與他們同樂。

當我們的「是」仍然保持一份憐憫心腸，就是只關注周遭的人，那麼，我們當下那些複雜事件便不會把我們拖進絕望之中，而我們的內心卻要燃燒著愛心之火焰。我們不能愛上事情，卻只能愛上人，而這種對人的關愛卻會給予我們啟示，教導我們如何處理事情。一個充滿憐憫心腸的抵抗者會時刻直視真實人們的眼眸，而不會容讓人類的腦袋太快對「真實問題」作出診斷。

我們實在需要嚴謹地分析我們所處身的世界，這是毋庸置疑的。我們需要時刻判辨造成貧窮、飢餓、無家可歸、壓逼和戰爭的主要動因。然而，幫助個別有需要人士並不是最終答案。當我們把全副精力投放在那些抽離生命的問題時，我們便不會再想及那些本應值得我們關注的男女老幼每天所面對的具體苦楚，這樣的話，我們實在已被死亡的惡魔所誘騙了。耶穌清楚知道世界上各種尖銳的問題，然而，不論他去到那裏，他所回應的卻是人們的具體需要：瞎子得看見、病婦得醫治、母親得著死而復生的兒子、尷尬不堪的主人家得著他們亟需的美酒、成千上萬餓著肚皮的人得著可以裹腹的餅和魚。耶穌並不避諱地表明他所供應的不過是一種更大生命更新的一個標記。然而，他卻從不容讓真理窒礙他去回應那些偶遇人們具體而切身的關注。

喜樂的「是」

最後，和平使者的「是」是一個充滿喜樂的「是」。謙卑與憐憫的果子就是喜樂。當我們帶著傷感的心靈去抵抗死亡與破壞的勢力時，我們絕不能帶來和平。我們在耶穌的靈裏作工，喜樂是其中一個最能感染人的標記。耶穌經常作出喜樂的應許，就如母親懷胎生子後的喜樂(參約十六21)；沒有人能夠從我們身上奪去的喜樂(參約十六22)；不屬乎這個世界，卻能滿足我們的屬天喜樂(參約十五11)。對於一個和平使者而言，或許再沒有甚麼比喜樂更能成為他們的標誌。

悲傷、苦毒、憤怒和憂鬱等灰暗經驗，顯示了我們是如何的接近死亡權勢。哪裏有喜樂，那裏便有生命。當伊利莎伯的姪女瑪利亞向她問安時，她懷裏的胎兒立時歡欣跳躍(參路一44)。新生命就是這樣時刻歡欣跳躍：雙親迎接新生嬰孩、孩童探索這個世界、年輕人墮入愛河、成年男女站在大自然美景當前發出聲聲讚歎。喜樂就是向著一個未可知、全新的昇華境地作出一次自由的跳躍，伸至盼望的天堂，觸及上帝的國度，踮著腳尖，可期達到。悲傷卻總是呆滯、沉重和守舊。世間沒有古舊的喜樂，喜樂總是觸動人心、輕省和常新的。

肯定生命總會帶來喜樂。我曾因著看到那些服事至貧者人士的面孔所散發出來的喜樂光芒而驚歎不已。當我第一次看到這羣男女所生活及工作的粗陋及看似無望的環境時，我預定了沮喪和絕望。然而，我在當中所發現的竟盡都是喜樂！他們告訴我，當他們教導幼童閱讀和寫作、給飢餓者端上食物、探望患病的人、關顧垂死人士的時候，心裏悠然泛起的那種無限喜樂。有些人會這樣說：「我喜愛與這些貧窮人待在這裏，在這裏我認識了耶穌，他給予我一份從未遇上的喜樂。」

當我首次聽到這些說話時，深深感到嫉妒。我實在非常渴望得到這份喜樂，但卻沒法從那些朝夕相對的學者、教師和學生身上找到。霎時間，我感到自己和我的朋友是多麼的無望和傷感。我們都有充足的飲食和居所，更有無微不至的醫療保健和教育制度，然而，我們的生命是否充滿喜樂呢？為甚麼我們會時刻感到心情沉重、精神緊張，被接踵而來的行事清單佔據腦袋，經歷小小挫敗便會如斯失望，別人沒有知會一句便會焦慮不安，受到別人排擠便會憤怒異常，生活稍不如意便會痛苦難堪？當我們與許多複雜事情糾纏在一起的時候，悲傷便會幽禁我們，從而把我們多麼渴望得到的喜樂帶走。

許多和平使者，給我們這個時代種種巨大的威脅壓垮了，失卻了他們的喜樂，尚未接戰便宣告投降。然而，任何人嚴肅地宣告世界末日的來臨，從而渴望推動別人參與和平任務，這等人並不算是和平使者，因為平安與喜樂就像兄弟姊妹一樣，彼此相屬。我實在記不起在我的生命中有哪一段和平時光不伴隨著喜樂的。在福音書中，喜樂與平安經常走在一起，就在天使向牧羊人宣告救主基督、和平之君的誕生時說：「我報給你們大喜的信息，是關乎萬民的。」(路二10) 又當耶穌完成了他在地上的和平使命，被提到天上去時，門徒「大大地歡喜」(路二十四52) 回耶路撒冷去。因此，和平的福音就是喜樂的福音；和平的工作就是一份充滿喜樂的工作。

喜樂並不一定等同快樂，在這個世界上，我們被教導去相信喜樂與哀傷彼此相對，喜樂必定排斥痛楚、受苦、困惱與憂傷。然而，福音的喜樂卻是源自十字架而衍生的喜樂，絕不是因著勝利慶祝會所給予我們那種了無生氣的快樂，而是隱藏在艱苦奮鬥中那份深層的喜樂。這是一種知悉邪惡與死亡已再無法操控我們的喜樂；這是一種安穩在耶穌話語裏的喜樂：「在世上，你們有苦難；但你們可以放心，我已經勝了世界。」(約十六33)

抵抗——穩固你的信仰

因此，只有當我們向生命發出一聲充滿謙卑、憐憫和喜樂的「是」，並且藉此坐言起行，對死亡所發出的「不」才會變得果實纍纍；亦只有當對死亡發出的「不」與對生命發出的「是」不再彼此分離，抵抗才能成為一項真正屬靈的任務。

不斷在世界各地蔓延的饑荒與貧窮問題，以及核子戰爭所造成與日俱爭的威脅，實在叫我們沒有理由不感到恐慌甚或絕望。當我們聽到周遭的死亡呼喊，又看到那麼多死亡權勢正在張牙舞爪時，實在愈來愈難相信生命能夠強過死亡。遠在人類認識核子戰爭之前，彼得已發出這樣的警告：「你們的仇敵魔鬼，如同吼叫的獅子，遍地遊行，尋找可吞吃的人。」(彼前五8) 對於我們而言，這些字句有了嶄新而具體的指涉，大抵就是指我們的恐懼。恐懼就如一隻咆哮的餓獅，準備攻擊我們，並且把我們撕得支離破碎。

彼得怎樣回應這頭獅子呢？他說：「用堅固的信心抵擋牠。」(彼前五9) 這確實歸結了對任何威脅的屬靈回應。這是一個充滿信心的回應，不是倚靠我們的經驗、技巧、聰明，或意志，而是信靠那位已經克勝那統管世界的邪惡和死亡權勢的基督。藉著基督克勝死亡，不論是個人或羣體，死亡對我們的威力已蕩然無存。我們不再受困於絕望的黑暗世界，在上帝裏尋找到我們的歸宿，在那裏沒有死亡，只有永生。雖然我們仍然身處世界，卻不再屬於它，因著信，我們得以在當下便成為上帝家裏的一員，預嚐上帝無窮無盡的大愛。我們曉得人生的真正歸宿，以至我們可以坦然地堅拒死亡，但是與此同時，我們也可以謙卑地、憐愛地、喜樂地到處宣告生命。

抵抗就是禱告

我們在哪裏禱告？

探討過了抵抗的「不」與「是」後，所剩下的就是要解釋抵抗絕非與禱告相對立，反倒是禱告形式的一種。我們老是想著抵抗是和平任務的行動部分，而禱告則屬於默想性的層面，這種觀念根深柢固，實在很難突破。然而，我愈來愈相信只有當我們不單察覺到禱告是抵抗的一種形式，同時也察覺到抵抗是禱告的一種形式時，我們才會充分掌握和平使命的意義。

我花了許多年光陰才能完全明白這一點。我無法早點明白這個道理，可能是因為我與大部分抵抗的公開形式保持了距離，甚至長時期以來對抵抗運動的抗拒。每次我看到人們在政府大樓或工廠大廈前遊行示威，抗議核武時，我便感到有點氣惱。我總認為自己氣惱得有道理，把那些示威者看成無所事事的怒漢。我也深深相信這一小羣衣衫不整、手持標語的示威人士所作的一切終歸會徒勞無功，不但無法對現實改變分毫，甚至會弄巧反拙，叫那些本想透過正常途徑尋求和平的人面臨更嚴峻的處境。

但是當朋友邀請我就近一點、仔細一點看清楚時，我逐漸發現自己極可能被耶穌和他的門徒弄得心裏厭煩，就像給這些細小的抗議羣體弄得厭煩一樣。他們所作的，所說的，所表現的，全關乎他們身處的現實(reality)，這個現實是我們久沒接觸的。這是個上帝廣施赦宥與慈愛的現實，藉此把人間的隔閡破除，重建合一的關係。我在講壇上所曾說過的，我在書本上所曾寫過的，卻被這些「街外人」看得通通透透。在主日清晨那些端好的禮儀環境中，這些信息似乎對所有人都受用無窮，然而，一旦把場景換在核子設施的大門前，一切都彷彿毫無用處、誇張失實、惹人反感。我愈走近那些抵抗到底的朋友身旁，便愈發現他們所作的，正正就是在這個死亡權勢到處肆虐的世界中為永活上帝所作的見證。

在此後某一年的聖週，一小羣神學生邀請我與他們一同到「電子船」(Electric Boat) 通宵禱告。這艘「電子船」其實是一個專為核潛艇而設的船塢，位於康涅狄格州的格萊頓市。我認識這羣學生，他們都是勤奮、聰穎、信念清晰的男女，他們的邀請都是出於真誠的、專程的，並且基於他們對我信念的了解。我明白到這項邀請不獨在一些願意聆聽的地方宣講上帝的話語，更是當著死亡權勢面前，呼喚人認罪悔改。雖然我感到有點被愚弄，但我卻知道別無選擇，惟有說「是」。

在聖週四，我們聚集在一起，預備受難日的和平行動。我首先發現到這個行動團隊果真是個禱告團隊。多個月以來，這羣男女每星期總會聚集一次一起祈禱，在這些時刻中，他們漸漸地成長，成為一個能夠聆聽上帝指引的羣體。他們一起閱讀及研考聖經，陳述各自的恐懼和憂慮，嘗試找尋適合言詞去表達他們最深層的信念。最終他們達成一致決定：他們應當把禱告帶到那個促使他們惶恐不安的地方——製造三叉戟核潛艇的地方。

對於這羣神學生的大部分成員來說，這是一次既艱難又緩慢的屬靈旅程。他們許多來自傳統的美國家庭，對教會與政府的攜手權威表示尊重，公開反對那些政府認為為了保護人民而必須採取的措施會致令他們感到極為憤慨。然而，經過日復一日不停地細聽上帝的話語，同時又讀到愈來愈多關於三叉戟核潛艇所可能造成的終極破壞等消息，這羣男女理出了他們嶄新的頭緒：「我們需要對政府這刻在格萊頓所作的事情說『不』。」有些人覺得他們需要觸犯法律，任由逮捕，其他人則沒有這樣清楚的表態。雖是這樣，他們每一個人都因著內心的呼喚而聯合在一起，他們要用一種不一樣而又清楚可見的方式向死亡說「不」，以及向永生上帝說「是」，好讓世人能夠作出回應。

更加觸動我的是這班朋友並沒有想過要在格萊頓對那羣肆戰分子揮舞拳頭，也沒有出言恐嚇，他們在禱告中所要流露的，認定了自己是最先需要回轉的一羣，絲毫沒有可以自義自誇的地方。不是一羣被歸類為好人的「我們」對抗一羣被歸類為壞人的「他們」，而是正好相反，那些長期以來在電子船工作的人，就像我們一樣曾墮進好戰的陷阱裏，對此我們深切體會得到。他們希望能夠賺取足夠的金錢去維持家計，以及給他們的兒女供書教學。他們為著自己的尊嚴工作。因著對鄰人、國家，以及上帝的深切愛護，他們時刻埋頭苦幹，只是他們的工作卻會帶來難以描繪的悲劇：一旦他們努力工作所製造出來的產品被派上用場，便再沒有任何人給他們關愛了。

我愈聽得多關於那羣邀請我參加受難節和平行動的學生的故事，我便愈感受到這像是一次悔改的朝聖之旅，不論是對自己或是他人，這都是一次要求回轉的見證，然而，首要回轉的卻是那些呼喚我們回轉的人。他們提醒我，先知在回應那些抨擊他做事毫無果效的時候所說的話：「我對世界上的惡事傳講上帝的話語，不是為了單單想改變世界，而是為了防止這個世界改變我。」

十字架的站頭

在受難節當天，我們來到格萊頓市，就在電子船行政大樓的前方，我們為和平作見證。這個羣體的幾個領袖要求我在十字架的各個站頭引領羣眾。我實在無法抗拒這樣善意的邀請，特別是當我聽到在我們當中有來自不同宗派背景(浸信宗、長老宗、信義宗、聯合基督教會〔United Church of Christ〕)的人士將會一同製作十字架的各個站頭。當我還是孩童時,便經常在教會中製作這十四個站頭,在耶穌被本丟彼拉多定罪宣判死刑與後來他給埋葬之間,他們紀念了十四件事情,藉著繪畫和雕塑,把這些事件活靈活現地描繪出來。我還清楚記得少年時期與一班同鄉朋友,在高中的小禮拜堂裏,一站又一站的走過,不止一次走一趟,就在這星期放午飯的檔兒,我們已走過不知幾多遍。

然而,當我年歲漸長,十字架的站頭便瞬即成為童年時的神聖回憶了。第二次梵蒂岡會議改變了我的宗教意識,我與許多天主教徒一樣,放下了這些靈修操練,轉而專注在官方的禮儀慶贊上。誰會想到在那次會議的二十年後,我會領著一羣大公背景的神學生,在康涅狄格州格萊頓市的苦路十四站上,以禱告形式對迫在眉睫的核武大屠殺作出抵抗?

他為那些準備殺戮的人受死

當我們甫抵現場,我便隨即換上白色聖袍和紫色聖帶,跟隨著那個學生為著這次儀式而特別製作的巨型木刻十字架。我們選出了十四位學生,在各個不同站頭重演耶穌的受難過程;另外又選上十四位學生去展示耶穌的受難到底與今天的核武危機有甚麼意義。

我們用說話和詩歌熱情地禱告，同時也在靜默中禱告。我們以這種方式聆聽耶穌受苦的故事，是我們在教會中從未聽過的，我實在無法完全意會得到自己的感受，但我知道我正在經歷一些嶄新的事情，是我從未經驗過的。我深深明白到禱告不再是一件不帶任何危險的中性事件。不但如此，我經常談及關於死亡與復活、受苦與新生的言辭，頃刻間吸收了新的力量，這種力量毫不含糊地責難死亡，又為人們帶來生命。

禱告就是禮儀

我把這個個人故事說出來，是因為在這次經驗中，我發現抵抗不再是一項與禱告相對立的行動，反倒是禱告的一種真正形式。經過這次反戰的小小經驗，我甚至膽敢說，對於那些因著永活上帝的名而作出抗爭的人而言，抵抗不單是禱告，更是一項禮儀。當我進一步反省自己在格萊頓的經驗時，我得出一個結論：這次行動被理解為一次禮儀經驗是顯然易見的。「禮儀」(liturgy)這個詞源自希臘片語*ergos to lao*，意思是「人們的作為」，就是指上帝子民聚集一起共同敬拜的作為。

我在格萊頓的那次受難節經驗，只是基督教抵抗者重申禮儀慶贊的和平力量眾多途徑的其中一個例子。其他傳統的節期，諸如十二月二十八日的悼嬰節（Holy Innocents）、八月六日的基督變像節（Transfiguration of Christ）等，都可以成為現今世代要求人回轉的激烈呼喚。在今天我們的時代中，兒童可能成為核子彈的無辜受害者，廣島那使人目盲的火光已經取代了他泊山上那賦予人生命的光芒。

當和平運動愈發茁壯成長的時候，便可以有更多聖日成為和平使命日。一九八三年在華盛頓國家座堂舉行慶典的「和平五旬節」，以及接續那天在美國州議會大廈所進行的大規模公民抗命運動，正是另一個「禮儀更新」的例子。在誦讀聖經、唱頌詩歌、分享禮物的禮儀中，轉化了人們的良知，賦予他們力量去活出上帝的平安，即使被揶揄、拒絕，甚或送進監房裏。當我們把禮儀年度看為和平使命的年度時，我們便會發現基督將臨期、聖誕節、顯現節、大齋節、復活節、五旬節，以及其他許多的聖日和節期等，都會伴隨著它們一個非常特別的和平信息。當我們生活在這個世紀可能就是歷史上最後一個世紀的威嚇底下時，禮儀年曆必須高聲讚頌基督的平安，這份平安不是這個世界所能給予的，而是基督把它帶進這個世界，為了救贖蒼生。

藉著我們的崇拜，我們共同創造了新天新地，為那在我們中間的上帝國度打穩基礎。容讓自己在上帝及各人面前變得脆弱，並且藉著一個相當簡單的形式去分享這些和平標記，我們就是在世界的中心建造上帝的居所。因此，我們繼續上帝和平之道的具體臨在，邀請那些仍然生活在黑暗中的人與我們一起進入上帝大愛的房子裏。

我對此一直深信不疑，然而，當我看見及經驗到這次在製造死亡工具的大樓前的崇拜時，我才明白到上帝子民的和平使命是可以幹得如此徹底。

並非基於成功

假如直到目前為止，我給大家造成一個印象，以為街頭禮儀是和平使命的理想模式的話，這將是一個錯誤的印象。我只想透過一個簡單的例子去闡明抵抗實際上是禱告與靈修的一種形式，這對我來說是非常重要的，因為有太多的抵抗者一旦發現不論在社會、經濟或政治等環境都沒有達到任何有意義的改變時，他們便會徹底地崩潰。不少人艱苦經營許多年，希望能夠帶來改變，但最終卻在絕望中棄權。當他們發現情況並不比昨天好，反倒更差，那些政黨、大企業，和民選官員依然故我時，他們便退縮下來，無奈地接受現實，不再信任持續奮鬥會有甚麼價值可言。

然而，基督徒的抵抗不能夠建基在成功的標誌上，這是一次徹頭徹尾的屬靈抵抗，所依靠的不是結果，而是一份內在的忠誠。一旦我們淡然於這個世界那種促使人追求成功的衝動，進入上帝禱告與讚美的居所裏，我們的抵抗才能從「有用」的需求中釋放出來。然後我們的抵抗便能夠在這個被死亡纏繞著的世界中成為永生上帝明晰的見證。不論我們作甚麼去抵抗死亡的諸多勢力，這都必須表現為一次徹頭徹尾對永生上帝的崇拜。

當我們看見許多人在和平示威期間的舉止時，我們或會譏笑他們那些「無用」的行動。然而，當我們看到這些人所作的主要是出於對上帝的忠誠，隨時隨地發出讚美的時候，我們可能會看到他們就像火窰中那三位選擇敬拜上帝，也不肯向尼布甲尼撒王金像下拜的少年人。(但三章)

說真的，相比於在別人身上所造成的影響，更為重要的，是我們屬靈層面上的一片丹心。假如我們希望能夠忠於那個從主耶穌基督所得著的新造的我的話，我們便不能夠在死亡勢力如日中天的當兒繼續沉默和被動。我們欠了上帝和自己一份向死亡說「不」的債，若不然，緘默意味著戰爭的共犯，因而失卻了上帝早已賜予我們的那份平安禮物。在這裏我們觸及一切抵抗的核心：這是一次從心底裏深深知道自己是誰所湧流出來的行動；是屬靈忠誠的行動；是一條宣告在上帝居所裏所曾發現的平安的途徑；是一種藉著耶穌轉化能力使我們今天成為何等樣人的表達。就這個意義來說，這是一次真正的禱告行動，而真正的禱告是從不計較得失的。

抵抗的各種方法

並不是每個基督徒都有參與和平示威或投身公民抗命的召命，就我個人而言，我便經常就觸犯法律感到極度猶疑，直到目前為止，我還沒覺得有為和平的緣故給人送進監倉裏的必要。我總是懷疑坐牢會嚇退別人不去參與和平運動，而不是吸引他們，或許我太著眼於如何影響他人，而對自己的屬靈委身信心不足吧。坦白地說，我真的不太清楚是甚麼東西讓我裹足不前，到底是謹慎還是膽小、倚賴信念還是過於務實、信靠還是恐懼？我只知道在數年前那些看似離我很遠，我無法接受的事情，今天卻至少邀請著我再一次回想以往所持守的態度。

不論我們對遊行示威和非暴力公民抗命行動持有怎樣不同的觀點，都不應該成為我們不去實踐和平使命的爭論點，這是毋庸置疑的。所有基督徒是否採取同一種方式捍衛和平，甚或接納每一種和平使命的作風，這都並不打緊，重要的是他們那些各施各法的行動是否讓人經驗為一種個人或羣體的禱告形式，因為惟有這樣，我們才能終身奮戰到底。這種抵抗或許意味著參與和平教育的方案，或許涉及公開演講或寫作，或許是對一個好戰朋友的溫和回應，甚至可以包括探訪病患者、扶助飢餓者，或保護軟弱者等等。然而，一旦諸如此類的行動發自憤恨的話，敵視的胸懷只會令事情更糟。與此相反，倘若他們為著同屬上帝家裏的一羣人而深表感恩的話，我們便不再需要為到他們的成效而擔憂了，因為從上帝而來的，絕不會空手回去。

除非禱告帶引我們與別人進入一種全新與充滿創造力的關係，否則我很難看見禱告的果效。同樣的，除非我們的抵抗行動能夠深化及強化我們與上帝的關係，否則我也難以察覺抵抗的果效。禱告與抵抗，這兩條基督教和平使命的共生支柱，互相緊扣在一起，向人述說我們曾在上帝居所裏所尋見的平安。它們來自同一根源，也向著同一目標進發。

非暴力方法

基督徒的抵抗是非暴力的，因為我們想帶來的平安不屬於這個世界。這份平安不是靠著奴役敵人，而是靠著改變他們；不是靠著展示武力，而是靠著分享彼此共同的弱點；不是靠著把自己弄得別人敬而遠之，而是靠著與別人毫不設防的相處；不是靠著報復，而是靠著轉過另一邊面頰來；不是靠著暴力，而是靠著愛。耶穌展示了這種方法，當彼拉多問他「你是猶太人的王嗎？」時，耶穌回答說：「我的國不屬這世界；我的國若屬這世界，我的臣僕必要爭戰，使我不至於被交給猶太人。只是我的國不屬這世界。」(約十八33～36) 祂本可以祈求天父差遣十二營天使天軍來給祂保護，但祂卻選擇孤單地、赤裸地、脆弱地、毫不反抗地死在十字架上。耶穌所走的路是一條沒有咒詛、武器、暴力，或權能的路。就祂而言，沒有任何國家需要被征服，沒有任何思想需要強加在別人身上，也沒有任何人民需要被支配，只有一羣需要被愛護的男女老幼。愛不需要動刀動槍，它不見於權力之中，只有在無能者當中才會顯現出來。

耶穌挑戰祂的追隨者走上這條道路，這是一條棄械、非暴力與無能抵抗的道路。那些選擇走上這條道路的人曾經發現過它的屬靈威力。查維思 (Cesar Chavez) 曾說：「一旦人們明白到非暴力的強處——它所衍生出來的威力、創造出來的大愛，從整個羣體所引發出來的回應——他們便不會輕言放棄。」馬丁．路德．金這樣寫道：「以暴易暴只會製造更多暴力，像在一個沒有星光的晚上加添黑暗。黑暗不能驅走黑暗，只有光才能做到；憎恨不能消除憎恨，只有愛才能做到。當我們不再以恐懼、懷疑和不安的眼光去看待這個世界，轉而以上帝那種帶著無限量、無條件的慈愛普愛世人的眼光去看待這個世界時，以愛心所帶來的棄械抵抗行動才會成功。」

帶來和平的抵抗不會把世界分成敵我：一批是需要保護的朋友，另一批是需要痛擊的敵人。上帝邀請我們進入祂的居所裏，那兒根本不會有這樣的分門別類。要實踐和平使命只有一條道路可言，而這便是上帝的道路。上帝的道路就是一條棄械的道路，藉著耶穌的死亡向我們陳明出來。緊緊依循這個道路——一條仁愛、和平、十字架的道路——我們成為上帝的兒女。耶穌宣告說：「使人和睦的人有福了！因為他們必稱為上帝的兒子。」(太五9)

抵抗憎恨、分類、衝突、戰爭與死亡，其實就是神聖的崇拜。偉大的法籍基督教和平主義者杜克姆(André Trocmé)，在寫及非暴力時說：「說到底，非暴力就是對上帝的見證。一旦非暴力可以變成『賺得全世界』的一種手段，它將會瞬即被各個政黨利用，令人質疑它是否忠實可靠。到那時它還能剩下甚麼呢？」

並非沒有敵對聲音

然而，非暴力抵抗並不容易找到知音者，與此相反，那些認為暴力是達至和平的惟一及必須途徑的人，不單認為非暴力抵抗者不設實際和異想天開，更視他們為懦夫、奸細和賣國賊。非暴力抵抗者是那些行使權力的人的一大威脅，因為他們提出在操控及試圖向他人施壓的現實之外，尚有另一個現實，就如耶穌完全棄權的表現觸發當時權貴的揶揄和憤怒一樣，同樣的，任何按著和平並非來自刀劍這種信念思想、言論，和行事的人，都會與耶穌同一命運。

抵抗者將不會在這個世界受歡迎，耶穌對此毫不隱瞞。「人要下手拿住你們，逼迫你們，把你們交給會堂，並且收在監裏，又為我的名拉你們到君王諸侯面前。」(路二十一12)「世人若恨你們，你們知道，恨你們以先已經恨我了……他們若逼迫了我，也要逼迫你們。」(約十五18、20)

那些前來認識及皈依上帝的人，已經表明他們是這個世界的陌生客。他們的「不」和「是」並非那些好勇鬥狠的人所能明白。相反地，他們會招徠憤怒、敵意，和侵擾，因為在我們所身處的世界中，平安信息是不受歡迎的。作為非暴力和平使者，倘若他們貫徹所作的一切的話，將會有愈來愈多人遭受逼害、虐待，以及被拋進監牢裏，對此我深信不疑。

戰爭的風聲愈近，和平使者所遭受的對待便愈嚴酷；愈需要羣眾對戰事表態支持，抵抗者所遭受的對待便愈殘忍。有一次我聽到一位美國基督徒對一位韓國牧師說：「你為著堅持自己的信念，在牢獄裏受了那麼長時間的苦楚；但是對於我們這些養尊處優的美國信徒，到底可以為和平作些甚麼呢？」那位韓國牧師溫柔地笑著說：「如果你仍然活像一個基督徒般行事為人，不出多久你便會身處我曾待過的地方。」直到目前為止，這個國家的法庭都表現得非常寬大為懷，有些時候甚至包容反戰分子。然而，一旦執政權力準備發動戰爭時，便會把和平使者變得愈來愈似人民公敵，有一天，反核示威者所要面臨的後果會不再一樣，不再像今天被一羣客客氣氣的警務人員逮捕，在監房裏渡過一夜那麼簡單。

走在一起，不再孤單

如果那些對戰爭說「不」和對生命說「是」的人的生命會變得愈來愈艱難的話，那麼，基督徒抵抗者與非暴力和平使者又怎樣可以在這個世界存活下去呢？答案很簡單：走在一起。倘若我們仍舊視抵抗為一種個人英雄主義式行動的話，沒有多少個和平使者可以在這種巨大壓力下生存下去。捍衛和平的抵抗與個人膽量和勇氣沒有多大關係，卻關乎信仰羣體的作為。即使是最優秀最強壯的人物，也會頃刻感到筋疲力盡、意興闌珊。然而，一個抵抗羣體卻能堅守到底，即使其中某些成員正在經歷軟弱與絕望的時刻。只有當我們一起生活和工作，和平使命才會歷久不衰。對於忠實與持久的抵抗而言，羣體是不可或缺的。沒有了羣體，我們會迅即後退回需求與傷痕、暴力與破壞、邪惡與死亡的黑暗世界中。為著這個原因，我現在需要說及和平使命靈性的第三個特徵：羣體。

第三章

羣體

惟有當禱告和抵抗鑲嵌在羣體之中，它們兩者才能成為基督教和平使命的表達形式。沒有了羣體的處境，禱告和抵抗很容易退化為個人英雄主義的種種形式。正因如此，那些相信鬥爭可以帶來和平的人才會那麼傲慢自大。保羅向提摩太提及末後日子的時候，他發出警告：「因為那時人要專顧自己……自誇、狂傲……有敬虔的外貌，卻背了敬虔的實意。」(提後三1～5) 我們或許相當「敬虔」，參與各式各樣的抵抗行動，但是處身在一個有那麼多「不愛良善」(提後三3) 的敵人的社會中，即使是我們最虔誠的行為也能夠顯出我們的傲慢來，容許自己表面似在討上帝喜悅，實質卻在滿足內裏的欲望。我們也很容易變得「賣主賣友、任意妄為、自高自大、愛宴樂、不愛上帝」(提後三

4)。説穿了，就是當我們受到核武滅絕威脅時，實在非常容易受到那些感染力極強的説客所蒙騙，從而令和平使命轉到相反的方向去。

為著這個緣故，把上帝和平的居所，就是那個神聖的住處，彰顯為一個嶄新的人類羣體會是如此重要。只有當我們隸屬於一個互相支援，同時又能自我批判的羣體中，我們對和平使命所作出的努力才有機會成為對上帝的服事，而不是在服事自己。

然而，羣體所給予我們的，絕不只於給禱告和抵抗提供一個保護環境，同時也是「新天新地」(彼後三3)的最先體驗。這不單是達致和平的一條途徑，更是我們追尋和平的首個彰顯形式。

認信與赦免

當你穿梭美國任何一個城市的大街小巷，不論你在搭乘地鐵或公車，或在火車站和機場等候，你都會赫然驚覺我們這些人類是多麼的疏離。沒有一聲問候，沒有一個表示歡迎的舉動，甚至連一個微笑也沒有。人們向著茫茫然的目的地匆匆進發，把自己埋藏在書本或報章背後，在一張小得可憐的桌子旁站著獨自進餐，卻一言不發，就像活在一個隱形的籠子裏，保護他們不受外界干擾。他們繃緊著身子，眼裏充滿著恐懼，整個存在的模式正在反映一種疑心重重的態度。

時刻著眼於周遭的危險狀況，會使我們逐漸失去對別人的信任，猶如活在敵方的陣營中，被一羣只想消滅我們的人所包圍。我們的世界到底發生了甚麼問題？彷彿「那些執政的、掌權的、管轄這幽暗世界的，以及天空屬靈氣的惡魔」(弗六12) 已經無孔不入地侵佔了我們的世界，以致我們所有人都在違抗自己的意志，成為牠們的受害者。我們不想防備街上的人，但我們卻是這樣。我們不想重重複複地鎖上自己的車子、單車或房屋，但我們卻這樣作。我們不喜歡警告自己的父母、兒女，和朋友不要單獨出外，但我們卻這樣作。我們不相信身邊每個人都是敵人，但我們的表現卻把他們當成如此。突然間，我們發現在這片屬於我們的土地上，我們變成了一位陌生客：惶恐不安、孤獨疏離、毫無能力。我們再不感受到自信和自由，卻只有焦慮和癱瘓；再不感受到盼望和喜樂，卻只有內裏的空虛與憂愁。

我們在海灣所制約的，那個握有洲際彈道導彈、B-52轟炸機，以及三叉戟核潛艇的敵人，已征服了我們的心思意念，並且有能力分化我們。我們開始意識到核子軍事競賽就是我們社會慘遭分裂的標記，我們把牆垣建得愈高，我們便在背後埋藏更多的悲劇。我們共同的敵人幫助我們逃避面對在我們中間再沒有和平的實況。

我們這個時代最大的悲劇是疏離。年幼兒童感到孤寂，卻無法找到知心友；少年人動輒搞小圈子只為得到某種歸屬感；年青夫婦不認識他們的鄰舍；男男女女在辦公室的霓虹燈下埋首，坐在金屬桌子後，喝著用紙杯盛載的即沖咖啡，吃著紙盒包著的便當，時刻思忖到底曾作過甚麼有意義的事情。退休人士覺得自己無用和被拒絕；老年人被遺棄在護理院裏，偶然的一次探候成為他們惟一的安慰；但與此同時，許多人卻孤獨地死去，默默地見證著那份無孔不入的疏離，使我們的世界服膺在它的魔爪之下。試問我們怎可仍舊否定邪惡勢力的存在？我們又怎能取笑那些發出魔鬼「如同吼叫的獅子，遍地遊行，尋找可吞吃的人」(彼前五8) 這樣警告的人呢？

耶穌就是要把祂的平安帶進這個世界，這個世界挑戰著我們要彰顯神聖的平安，假如我們試圖獨自完成這項使命，單單倚靠自己的才智及資源，我們只會陷在孤獨困境中。耶穌並沒有提議我們要學像英雄般獨闖天下，與惡魔單打獨鬥，反倒祂差派了聖靈，把我們聯結成一體。這個身體由不同人士組成，因著同領相同的應許，自由地為著相同的和平使命而奮鬥。這個新的身體就是基督自己的身體，無時不顯，無處不在。這實在是基督徒羣體最大的奧祕：永活的基督給那些渴望從疏離、猜疑、恐懼等狀況中得著釋放的人帶來平安，亦是這個基督徒羣體那個充滿活力的身體才能對抗那些遍地遊行的掌權勢力。當和平使者不屬於這個羣體的一部分，他們也不再成為永活基督的一部分了，他們的平安不過是虛假的平安。

然而，倘若基督徒羣體對於和平使命來說是如此重要的話，到底是甚麼能夠令我們成為這個羣體的一部分？首先，我們需要摒棄企圖把這個羣體與某些地方、組織，以及宗派連上等號，一旦我們把這個羣體與一幢房子、一所修道院、一座教區教堂、一個俱樂部、一羣會眾、一個社會機構，或是一個志願組織扯上關係的話，我們便走離了它真正的屬靈意義了。社羣生活或會在建築物和組織內發生，但是這些建築物與組織卻不是這個羣體的本質。我甚至認為友誼、婚姻、家庭，和家族都不一定可以組成基督徒羣體，它們可以成為其中的一部分，但總不至作為它的核心。能夠產生一個基督徒羣體的是一種靠著耶穌的名互相認信、彼此寬恕的生命。基督徒羣體是一個由軟弱者組成、忠誠守信的團契，藉著不斷的認信和赦罪，彰顯及歡慶耶穌基督的力量。基督徒羣體是一個屬靈的處所，人類聚集在一起承認耶穌基督是主，只有當大家願意在共同軟弱中一起生活，才能將這種認同表明出來。基督徒羣體是一羣人聚集在一起，透過否定自己有任何獨自締造和平的能力而宣揚基督的平安。基督徒羣體是一個從軟弱中顯出能力、從坦承懷疑中顯出信心、從真誠體會絕望時刻中顯出盼望、從嫉妒、猜疑、不信的現實環境中顯出愛心、從傷痛中顯出喜樂、從謙卑意會暴力、衝突、分化中顯出平安的地方。真的，基督徒羣體正正就是在我們這羣罪人中彰顯耶穌基督的一個羣體。

認信和寬恕是耶穌使命的核心，施洗約翰指出耶穌就是「上帝的羔羊，除去世人罪孽的」(約一29)，耶穌的全部差事就是宣告上帝的赦宥。寬恕是耶穌施予我們最偉大的神聖禮物。人類無法赦罪，那些針對耶穌的指控正確地指出：「除了上帝以外，誰能赦罪呢？」(路五21) 不論耶穌去到哪裏，他都施予神聖的赦免，甚至赦免那些殺害他的人。為了赦罪，他在十字架上捨身流血(太二十六28)，繼而他差遣門徒進入世界。和平使命就是赦罪使命，藉此克服恐懼，開創新的秩序，這在耶穌其中一次最後的顯現中非常清晰地表達出來：當時門徒恐懼戰兢地一起藏身於密封的房子裏，「耶穌來，站在當中，對他們說：『願你們平安！』說了這話，就把手和肋旁指給他們看。門徒看見主，就喜樂了。耶穌又對他們說：『願你們平安！父怎樣差遣了我，我也照樣差遣你們。』說了這話，就向他們吹一口氣，說：『你們受聖靈！你們赦免誰的罪，誰的罪就赦免了；你們留下誰的罪，誰的罪就留下了。』」(約二十19～23)

赦罪成為基督徒羣體的標記，願意彼此饒恕就是上帝赦宥的標記，耶穌親自說明這一點：「你們饒恕人的過犯，你們的天父也必饒恕你們的過犯。」(太六14)這種饒恕絕不是偶一為之的事情，而是一生之久、無窮無盡的，是基督徒日常生活的特徵。當彼得詢問耶穌：「『主啊，我弟兄得罪我，我當饒恕他幾次呢？到七次可以嗎？』耶穌說：『我對你說，不是到七次，乃是到七十個七次。』」(太十八21～22)

我們需要怎樣才能得著寬恕呢？答案是悔改。悔改就是謙卑地承認自己的罪性。在整部新約聖經中，我們時刻聽到「悔改」這個詞語。我們聽到耶穌所說的頭一番話：「你們當悔改，信福音」(可一15)，也讀到路加記載關於耶穌的最後一段話：「照經上所寫的，基督必受害，第三日從死裏復活，並且人要奉他的名傳悔改、赦罪的道，從耶路撒冷起直傳到萬邦。」(路二十四46～47）坦誠認罪是悔改的具體形式，耶穌所要求的是我們承認自己需要被赦免。他不無諷喻地說：「我來本不是召義人悔改，乃是召罪人悔改。」只有那些甘心承認自己是個罪人的人，才能打開自己的心扉，接受上帝赦罪的神聖禮物。因此，互相認信和寬恕是基督徒一起生活的標記，這是清楚不過的，因為正正在這個認信與寬恕的過程中，我們從疏離中得著釋放，從而能夠進入一種解除武裝的新生活。基督徒能夠成為和平使者，不在於他們套用某些特殊技巧去促使人際間的復和，而在於他們坦承自己的脆弱，組成了一個羣體，藉此向世界彰顯上帝無窮無盡的赦宥。當我們勇於克服自己的恐懼，彼此坦承自己仍然多麼留戀世上時，這個羣體才會浮現眼前。當這一切都發生了，上帝寬恕的光芒便能照耀人間，真正的平安亦隨之出現，有些時候它會出現在友儕之中，有些時候卻在夫婦之間；有些時候我們會在宗教樓房裏看到它，有些時候它卻出現在宗派與宗派之間，教會與教會之間，甚或人民與人民之間，國家與國家之間。接著那條分隔線消失了，不論是宗教或種族層面長久以來的分野，都不再成為彼此間永恆友誼的阻礙。每當這種情況出現時，羣體都起著根本作用。

實在沒有比落腳於我們真實的羣體更為有效的方

法去試驗我們對和平使命的委身。或許我們會發現自己根本沒有過著一個羣體生活，這樣我們有理由質疑自己在禱告及抵抗方面的質素。然而，只要我們找著了羣體，我們便會發現一種解除武裝、去除暴力，一起和平相處的生活方式，這種生活方式把死亡毒鈎（林前十五55）徹底地挪去，能夠賦予生命一種全新的力量。

認罪與寬恕是基督徒羣體賴以支撐的兩條屬靈支柱，它們從上帝而來，打破了許多促使人際間彼此疏離，又把自己孤立在自我保護厚繭中的恐懼界限。每一次我們勇敢地說：「我因貪愛黑暗，不愛光明，以至得罪了上帝，又得罪了你，如今我懇求得到寬恕。」這代表了我們選擇復和，而不是自我防護，從而踏上了和平之路。這不是一條容易走上的路，因為我們的恐懼與悲傷會時刻在耳邊低訴：「不要發傻了，不要給別人有過頭的機會，別那麼天真，讓人看清你的弱點……」但這絕不是那位「反倒虛己，取了奴僕的形像」（腓二7）者的聲音。這把聲音從我們的黑暗處而來，企圖誘使我們建立更多牆垣、購置更多武器，在遭受傷害之前，懂得先下手為強。

雖然如此，但每次我們選擇認罪與寬恕的方式待人時，我們會瞥見那個上帝為我們預備的地方（約十四2），這或許只關乎一些細微的抉擇：為了修補破損關係而寫的一封信、對一位滿腔怒氣的友人說出一句溫婉的話、讓座予有需要的人、向對手衷心讚譽、邀請別人促膝詳談、願意當仁不讓、給予別人伸出友誼之手、來一個擁抱、一個輕吻。這些選擇，還有其他許多選擇，都會促成一個互助互愛的羣體，不單在人際之間，也在人民與國家之間。它們不獨是良好意志的標記，更是我們正在等候的那個新天新地的初步實現。

希望種子

歸屬一個認罪與寬恕的羣體，把我們的生命徹底改變為一個抵抗者，不單除去我們的孤獨感，更給予我們新的勇氣和信心。當我們每天從報章中讀到關乎這個世界的各種無情故事，我們或會驚訝為甚麼我們的世界仍能存在到今天。每一天都有更新型號、更具破壞力的武器被發明出來，而且每一天都有更新的借口動用它們。關於中東、阿富汗、中美洲、伊朗，以及許多非洲國家的新聞；關乎當前奴隸、死刑、大屠殺、虐待，以及各種形形色色的剝削等駭人聽聞的故事，讓我們不禁思忖怎樣才能避免將來那次會把人類歷史劃上句號的大災難。壞消息接踵而來——日復一日、年復一年——使我們輕言放棄，陷在聽天由命的情緒困境中，我們所聽到的、看到的、讀到的一切，都是那麼叫人洩氣，時刻引誘我們舉手投降，說：「世界正在衝向懸崖邊沿，誰能阻止它？即使我們看不見世界的終局，我們的子孫也必會看到，為何還要作這作那？」

然而，失敗主義和絕望卻與耶穌帶給我們的一切全然相反，特別是那份盼望的禮物。祂沒有基於統計數字、政治分析、權力制衡、威懾作用，或先發制人的能力等去把樂觀主義灌輸給我們，卻是基於上帝寬恕世人的應許而帶給我們盼望。這份盼望由那些相信上帝赦罪能力的羣體表達出來，這與那種認為事情最終必會如此實現的一般期望有點不同，它是因著信靠永活上帝而具體地活出來的生命，這樣的信心較諸暴力、壓制、飢餓、戰爭，或是「同歸於盡(Mutually Assured Destruction; MAD)」的假設還要堅強。這羣人相聚在一起，為著新天國而奮鬥，並且宣告這光是「黑暗不能勝過」(約一5；《新譯本》)的。這個羣體能夠抵抗死亡與邪惡的諸多勢力，因為永活基督已把自己彰顯在這個世界之中。基督徒羣體就是復活主活生生的代表，它成為盼望的標記，正正由於它代表著那不能被熄滅的大光，以及那不能被取去的生命。歸屬基督徒羣體使我們從統治世界的諸多勢力中釋放出來，真正成為一切抵抗的資源。基督徒羣體不是一羣人走在一起，聯合他們各自的力量，為要使勝利變得容易一點。不！它是要表達一場早已高奏凱歌的勝仗。聖保羅說：「死被得勝吞滅」(林前十五54)；約翰告訴他的門徒：「凡從上帝生的，就勝過世界。」(約壹五4) 因此，那些屬於永活基督的人，他們的盼望植根於那早已發生的事情，即使這件事情的完全成就尚未彰顯出來。因此，不論基督徒羣體出現在何處，都標誌著古舊中的一個新世界，黑暗中的光明，死亡中的生命。

就是因著這種基督徒羣體的勝利素質，使它成為一個真正的抵抗羣體。只有成為當中的成員，我們的抵抗才能有真正的屬靈意義。

到底今天的抵抗羣體變成怎麼樣子？我們有一些可以模仿的對象嗎？貫穿歷史我們看到新的基督徒羣體怎樣在回應它們時代的問題當兒探出頭來。在六世紀時，聖本篤會這個新羣體因著回應羅馬帝國衰落而提供了一種嶄新的思想及生活方式，給日後中世紀歐洲奠立芻型。到了十三世紀，我們看到聖方濟會在回應中世紀教會的財富和墮落時，發展及訂立了一種全新的論調。缺少了十六世紀宗教改革家們所啟迪的眾多基督徒羣體所產生的深邃影響，我們又怎能明白今天的議事和問題呢？在歷史不同時代中，認罪與寬恕或會有不同內容，然而，它們總會引導我們重新確信那位曾經征服死亡勢力而又復活了的歷史主宰。

我們今天可以怎樣作出回應？我們從未試過與一個能夠終結歷史的力量正面交鋒，從未試過被問及作為基督徒應如何回應集體自殺的威脅，也從未試過面對這樣的挑戰：我們需要確認對復活主的信仰，然而在這當兒，這個曾經被復活主克勝的世界卻似乎走上自毀之途。在面對人類有能力毀滅他們所有一切的當前，思想信、望、愛，和永生到底有甚麼意義呢？上帝被啟示為一位慈父，引領祂的兒女穿梭歷史之中，然而，假如歷史不再成為我們了解上帝慈愛的框架的話，我們還剩下甚麼呢？耶穌作為上帝的兒子，曾經為著我們的緣故成為肉身，住在我們中間，然而，假如我們千方百計要藉全球大屠殺去焚燒一切血肉之軀的話，我們還剩下甚麼呢？聖靈作為上帝永活的靈，祂把舊世界轉化為新世界，並且更新萬有，然而，假如這世間不復有任何事物需要被轉化和更新的話，我們還剩下甚麼呢？倘若一切塑造人類家庭的關係都受到威脅的話，我們又能否真正想及聖父、聖子，和聖靈呢？當繁衍後代本身都成為問題時，我們又能否講及生、死，和復活呢？當我們再無法確定地球是否可以繼續存在下去的時候，我們又能否談及天堂與地獄呢？當我們對人性的基本信任都產生動搖時，我們又能否把信與望的目光投向上帝呢？

我們面對的這個威脅，在本質上與以前的各種威脅完全兩樣，因此我們沒有一個恰當的楷模可予回應。一個新秩序、一條新規則、一項新改革、一位新的屬靈領袖——似乎這一切的所謂「方案」，都沒有一個能夠讓我們得著所尋找的盼望。作為人類的一分子，我們已經進入了一個信仰被剝去一切支援系統和防衛機制的時代，然而，正正是這種赤裸裸的信仰，我們才被呼喚去建立一個盼望的羣體，能夠抵抗這個黑暗的時代。

當我思想我們時代這個新羣體的時候，我想到世界各地的人羣，以全不防備的態度彼此相遇，在我理智的眼睛裏，我看到一羣又一羣的男男女女，組成了一個全球性網絡，他們完全解除武裝，不單捨棄了武器的威力，更拋卻了他們的宗教概念、符號，以及制度。我看到他們在這個世界上穿梭往來，彼此探望，互相纏裹對方的傷口，承認各自所曾遭遇的傷害，並且藉著簡單的一句話、一個擁抱、一次觸撫，甚或一個微笑來彼此饒恕。我看到他們不論是獨自一人或聯袂行動，都是身穿簡單衣服去服事患病者、餵飽飢餓者、安慰寂寞者，和安靜地與垂死者默默等候。我看到他們在高樓住宅裏、農舍屋子裏、學校和大專院校裏、醫院和辦公大樓裏，默默地見證著上帝的親臨。不論他們在哪裏，他們都會帶來和平，主要不是藉著他們説過的話和作過的事情，而是藉著與那些同建盼望新羣體的人彼此緊密相連。

雖則這一切的人仍然活在這個世界上，但是他們已不再屬於這個世界了。他們需要對方是為了能夠持守作為和平使者這份天職的忠誠；他們需要對方是為了能夠將生命變成一個對上帝永不止息的禱告；他們需要對方是為了得著鼓舞，以及物質和道德上的支援；他們需要對方是為了能夠保持喜樂和感恩的心；然而，他們需要對方最重要的原因，是為了在這個核子世界中共同建立基督活著的身體。每次他們聚集在一起時都會禱告，只要時間許可他們都會彼此探望，互通書信。在危急關頭他們又會徵詢各人的意見和提議，尋求恰當的回應。有時他們會一起行動，但不是經常如此。偶爾他們會站在人前發表講話，但更多時候他們只會沉思默想。以耶穌福音為本的信望愛規條把他們聯繫起來，彼此問責，對於批評和新方向時常抱持開放態度。他們最關切的是實行上帝的旨意，而不是他們的心意。因此，他們耗上不少時間和精力，小心翼翼地分辨所蒙召的是哪種生活或行動。他們是一羣和平使者，處身於世界不同角落中，然而，他們也是所屬抵抗羣體的個別成員，或是獨個兒生活，或是遠離行動中心。新聞媒體很難察覺到這個羣體的存在，偶爾他們會因著一本出版物、一次遊行示威，或是一次公民抗命行動而引起關注，但是它們卻經常融合在那更大的社羣之中。他們是一羣安靜、敬虔，和溫柔的人，並不驚恐、不安、憤怒和敵對，至少他們會嘗試不會那樣。他們會盡可能走在一起，花上幾天一同學習、默想和禱告。有時會用這些日子去籌劃具體的和平見證，但更多時候他們會加強愛的聯繫，以及與上主和各人之間的和平關係。

外人認為他們是一羣隸屬於全新秩序的成員，但其實他們只是不同於舊有秩序。他們有男有女、有獨身有已婚、有年輕有年長，來自不同教會和宗派，居住在不同地方。然而，他們全都是和平使者，是上帝的兒女，聯合起來，矢志把基督的平安帶給世人，一同對邪惡和死亡說「不」，無論何時何地，都共同肯定生命的可貴。在核武威脅的當前，這個全球性抵抗羣體的出現，使那個古舊信息得到更新，那些本已失去意義的詞語獲得了新的力量，舊有符號展現了它們溝通的能力，那些本不再被人認真看待的意念逐漸再次被人使用，述說一些需要被講述的事情。與此同時，新詞語、新符號和新意念紛紛出籠接受考驗。一座新房子——和平之屋、上帝居所、至高者的聖殿——被建造出來，這實在叫人振奮。那些石頭就是上帝的子民，在日光之下閃閃生輝。當這座聖殿的名聲傳播得愈廣愈遠，便會有愈多的人丟下他們肆戰的世界，登上這座新的殿宇，途中他們卸下頭盔，任由武器散落路旁。他們繃緊的雙眼舒緩下來，開始四圍張望；他們不再緊握雙拳，轉而輕柔地觸碰別人的雙手；當他們一步一步地登上上主居所的時候，喊叫聲會化為歌聲，與其他人的聲音揉合起來，接著世界會聽到一番很久沒有聽過的說話：

> 萬軍之耶和華啊，你的居所何等可愛！
> 我羨慕渴想耶和華的院宇；我的心腸，我的
> 　　肉體向永生上帝呼籲……
> 如此住在你殿中的便為有福！他們仍要讚
> 　　美你。
> 靠你有力量、心中想往錫安大道的，這人便
> 　　為有福！
>
> (詩八十四1～5)

就是這樣，一塊全新國土被塑造出來了，抵抗羣體成為一個讚美與感恩的羣體。

感恩

和平使者羣體本身不單是一個抵抗的地方，它更是一個禱告的地方，然而，倘若我們處身於羣體生活的場景以外的話，便無法對禱告及抵抗的整全意義有充分的了解，它們兩者都是對復活主的信心表達。基督徒羣體生活中所慶贊的耶穌復活事件，絕不止於此時此刻對過往某件事情作個充滿喜樂的紀念，而是被視為這個羣體本身生活中一個持續不斷的現實。因此，抵抗永不可能是一種焦慮的嘗試，預防某些可怕事情發生。相反地，它是一個從上主真實顯現所湧流出來的「不」，他說：「我就是生命。」(約十四6) 如此說來，禱告同樣不可能是一個滿懷恐慌的請求，企圖消災解難。在這個羣體的日常生活中，禱告自始至終都是為了那些我們早已得著的一切而表達感激之情。

羣體中的生命，就是一種向著那位我們與之同在的上主所不斷發出感恩的生命。這個羣體給我們展示了真正的禱告會時刻引導我們為著那些早已給予我們的東西而顯上感恩，即使是一聲哀求上帝幫助的呼喊，也不能與感恩的靈性相分離。耶穌自己作出了這樣的解釋，他說：「你們禱告，不可像外邦人，用許多重複話，他們以為話多了必蒙垂聽。你們不可效法他們；因為你們沒有祈求以先，你們所需用的，你們的父早已知道了。」(太六7～8) 我們不會說服一位猶豫不決的施予者，不會乞求任何一位需要為著我們的需要而給予說服的人，我們會請求那些全然善良的人，他們愛我們到底，不會留下甚麼是我們所需要的而不給予我們。作為一個信仰羣體，我們會時刻彼此提醒，即使我們受苦、感到沮喪、事情看似愈來愈糟糕，我們仍須心存感恩。我們能夠這樣作全因我們知道這個我們在其中受苦的世界早已被征服了，這次勝利容許我們在何時何地都能夠心存感恩。在受難之前，耶穌向門徒提到他們的生命將會遭遇拒絕和逼害，但他卻同樣提到苦難並不能奪走他們的平安：「在世上，你們有苦難；但你們可以放心，我已經勝了世界。」(約十六33)

假如有任何字句能夠刻劃和平使者的生命的話，那就是「感恩」。真正的和平使者是一羣心存感恩的人，他們時刻體認和慶贊上帝在他們個人裏面或羣眾之間的平安。驟眼看來，這或許有點感性，然而那些曾經度過真正傷害和極度痛苦時刻的人卻深明感恩的奧祕，他們經驗到在與受苦基督相遇的那個地方，他們同樣遇上那位和平的基督。每當我們受難，祂也一同受難；每當我們感到極度痛苦，祂也一同感受這樣的苦楚。我們深深知道受難與痛苦絕不可能消滅我們的感謝，皆因我們在祂裏面找到那份不屬於這個世界的平安。核武大屠殺威脅著整個星球一切生靈的存亡，在這當前說句感謝的話似乎有點無稽，然而，當我們明白到基督同樣受著核武所帶來的極度痛苦，卻又在十字架上把它克勝的時候，我們的感恩還能顯得更深刻、更強烈。

當我們嘗試隻身面對暴力與毀滅惡魔的時候，我們會很快感到無能為力，這種無能為力的經驗很容易造成我們內裏的狂怒，當它長期佔據我們的內心時，便會形成憤慨。憤慨是感恩的相反，它是一種由頑固心靈所產生的情緒，不再期盼任何新事物，接納死亡是無法逃避的人生歸宿。我們成為這個世界黑暗力量的受害者，失去對光明者的信心，憤慨便是這樣的一種標記。然而，當我們不再獨個兒與這個世界周旋，而是發現永活基督與我們活在一起，並且藉著各種具體方法向每個人展示的確有些新事情正在發生的時候，感恩是可能的。那些活在認罪與寬恕羣體的人會時刻道謝。他們一起生活，不論所身處的具體地點是否相近，他們還是幫助他人看到那位已復活的和平主宰的顯現，並且展示他那榮耀的傷痕。無論何地，當真正的和平使者以羣體形式一同作工，感恩之情便會洋溢整個場景，這是值得我們注意的。他們開啟了眾人的眼目，發現眾人中間的珍寶，而這些珍寶是他們永不可能靠著自己而獲取得到的。

我記得有一次我怎樣為著回應當地人民巨大需要而前往祕魯。那些關於他們貧窮、飢餓、缺乏醫療照顧和教育的種種故事實在叫我如坐針氈，我感到一份強烈的催逼感，只要我力所能及，都會伸出援手。那些聽過我的計劃的人都認為我是多麼的勇敢和慷慨。然而，當我在他們中間生活了些時日後，一些與別不同的事情發生了。那些與我一同生活的傳教士、神職人員和姊妹開啟了我的眼睛，讓我看到那些祕魯貧民所曾施贈給我的無盡禮物，即使在一片愁雲慘霧的景況中仍能看到許多歡愉的笑靨；即使在飽受壓逼的環境中仍能看到許多關懷的雙手。他們帶我來到最貧困不堪的鄰舍那兒，又讓我進入最簡陋可憐的茅舍中，然而，他們希望我能看到的不單是貧窮、悲慘，和壓迫，而是他們擁有一點點美麗而又可予貢獻的東西。他們讓我看到人性中最光輝的素質：友誼、父母恩情、互相支持、玩笑、信任、對悲劇那份充滿信心的回應，還有許多數之不盡的禮物，是我此刻尚未發現的。到了後來，我說出自己渴望能與這些人一起共事，我發現自己的動機並不在於他們的貧窮，而在於他們的禮物；不在於他們巨大的需要，而在於他們極大的才能。我明白到幫助貧窮人理應是徹頭徹尾的一次感恩行為。只要我在那兒工作是基於良心不安或自以為他們需要我的話，我便不可能成為一個真正的和平使者，然而，當我可以與他們交換禮物，懷著感恩的心一同生活，這種關係將會變得無窮無盡。

預防核子戰爭的工作也沒有兩樣，只要我們的不安、憂慮，和罪咎感操控著我們作為和平使者的工作，我們將熬不了多久。但是當我們彼此張開雙眼，看到在人羣中那些偉大的人性禮物的話，我們必定能夠叫和平使命長存下去。我們所能給予他人最大的服務，就是在怨恨化為感恩的對話之中所帶來的互相支援。那些政治家、軍事家，以及一般的黎民百姓，都不過是巨大核子企業的一部分，他們並不邪惡，只想盡己所能活得誠誠實實，以及時刻經驗到他們所作的都能夠真正服務他人。他們經常感到恐慌和焦慮，認為只有增加軍費才能拯救我們不致被敵人完全摧毀。

作為由和平使者所組成的羣體，我們首要的任務是要辨認及確信這些人內裏同樣擁有那些偉大的人性禮物，我們需要視他們為一羣願意照顧別人、愛護別人、關懷別人的人，他們與我們一樣，同樣渴望和平與自由，只是他們認為積極備戰才能達到目的。正如我們需要為著自己內裏的黑暗面而彼此認罪一樣，我們也需要發現那些我們希望改變其生命與作為的人同樣擁有和平的禮物。當這些人也能辨認出他們內裏以及彼此間同樣擁有和平使命的真正才能時，他們便能經歷自由，不再陷於恐懼之中，有能力在沒有槍桿、炸彈、B-52轟炸機、巡航導彈，和三叉戟核潛艇的情況下，如同兄弟姊妹般共同生活。

因此，和平使命的羣體就是一個同領聖餐的羣體。「聖餐」(eucharist) 這個字的意思是感恩。不論和平使者在哪兒説話與行動，他們的言詞和舉止都在宣告上帝「美好的恩典」(good grace；*eu*=good，*charis*=grace)。因此，同領聖餐便成為和平使者羣體生活的中心，在這件事情中所有和平使者都被招聚在一起，彼此分享一小片麵包、一小杯葡萄酒，覆述耶穌的那段話：「這是我的身體，這是我的寶血。」我們從大地提起那些我們賴以維生的餅和酒，向把自己也同樣變成餅和酒的那一位高高舉起。本是微不足道的人性禮物頃刻變成上帝偉大的恩宥，祂把自己獻給我們。我們把自己某部分獻給上帝，但上帝卻把祂的全部送贈我們。我們要求祂明白我們的飢渴，但祂所給予的卻超乎我們的所想所求。我們表達了一個合情合理的期望，但祂所給我們回應的期望卻是我們所未曾領會的，就是永遠住在祂的居所中，與祂一同坐席。

我們略為表示感激，祂卻向我們表達無邊的慷慨。我們曉得這一切上帝的禮物都是那麼單純，絲毫不帶條件。我們明白到天空與海洋、森林與峽谷、河流與高山、田野與荒漠、雀鳥與一切動物、不同年齡、種族、宗教信仰的男女老幼——這一切一切都彰顯著上帝無窮無盡豐盛的恩惠。每一次我們與那些來自這個充滿恐慌，受盡戰爭蹂躪的世界的人一同擘餅分杯的時候，我們會彼此對說：「一切都是白白的，弟兄們；一切都是白白的，姊妹們；一切都是白白的……只要你心存感恩，抬頭仰望厚賜萬物的那一位。」就是這樣，人們知道他們再也毋須貯藏甚麼、防衛甚麼，鬥爭甚麼，一切都是白白的，是我們的愛人極其慷慨的施予，以至世人一無所缺。有甚麼先決條件嗎？沒有，真的沒有！我們只需承認生命的本相：一份我們為此感恩的禮物，而不是一件我們需要執著、保存，或防衛的產業。我們所要作的，就是相信上帝完全地、深情地愛著我們，祂那無邊無際的豐盛，沒有一樣不屬於我們。

這便是和平使者羣體的內容，它宣告了上帝永無窮盡的厚恩，提醒我們所要作的就是為著所得的一切獻上感恩。當世界上每一個角落都有人說出感謝的話時，人際之間的牆垣便告瓦解，接著我們一同仰望那位厚賜一切恩典的上帝，看到祂以多麼親密的方法深愛著我們，把我們創造為弟兄姊妹，共同生活在如此豐富多樣的人類大家庭中，以至我們真的可以一同坐席，說：「弟兄〔和姊妹〕和睦同居是何等地善，何等地美！」(詩一三三1)

當我們聽到這些感謝的聲音時，戰爭的呼聲便會沉寂下來。人們彼此對望，當他們體會到曾經用上所有時間和精力去建造一個人間地獄，要置對方於死地時，眼淚便會隨即滾滾流下。導彈在它們的地窖中隨隨發鏽，核潛艇日漸腐爛，而炸彈會被放進博物館中，提醒孩子們人類歷史上所曾有過的野蠻時代。

這的確是和平使者的異象。作為和平使者，我們不會對周圍的事實視而不見，不會否定核武威脅，以及人類自毀歷史的可能性。我們甚至會警告不論是朋友或陌生人，他們將會面對這個星球有史以來最危險的困境。但叫我們成為和平使者的不是威脅或恐懼，而是看見那新聖城將要從天而降的異象，那是一個和平之城，沒有痛楚與苦困，在這個聖城中，上帝會把祂的家帶到我們中間。這個異象並不是一個遙不可及的烏托邦夢，而是在我們此時此地的聖餐團契中，已經實現出來了。這是在戰爭的聲音和景象中上帝與我們同在的異象。耶穌說：「看見你們所看見的，那眼睛就有福了。我告訴你們，從前有許多先知和君王要看你們所看的，卻沒有看見，要聽你們所聽的，卻沒有聽見。」(路十23～24) 因此，我們的盼望是建基於我們所已經看見的，而我們所看見的又時刻給予我們新的勇氣，為著耶和華的那日子而作工。到那天，一切邪惡的權勢都會被踐踏在祂的腳下，而祂卻永遠作王。有這充滿榮耀的異象，我們焉能不感恩？

讓我重申一遍，對於和平使命而言，羣體是非常重要的。藉著彼此坦誠自己的怒氣、欲望、敵意和暴力，並且一次又一次地互相宣告上帝的赦免，一個和平的羣體便能夠在我們中間衍生出來。這個羣體中的成員自誇自己的軟弱，卻確信上帝的力量能夠幫助我們真正抵抗黑暗的權勢。這個羣體也能透過不止息的感恩禱告，將生命當作禮物獻呈給上帝。因此，和平使者的羣體遠遠不止於對和平活動作出支援那麼簡單，凡它所到之處都是一個充滿喜樂和感恩的場所，把新耶路撒冷突顯出來。這個耶路撒冷是我們經常途經的，我們也早已把她的平安存放心中。從這個羣體中奏起一首詩歌：

人對我說：我們往耶和華的殿去，我就歡喜。

耶路撒冷啊，我們的腳站在你的門內……

你們要為耶路撒冷求平安！……

願你城中平安！願你宮內興旺！

因我弟兄和同伴的緣故，我要說：願平安在
　　你中間！

因耶和華—我們上帝殿的緣故，我要為你求
　　福！

(詩一二二篇)

結語

「使人和睦的人有福了！因為他們必稱為上帝的兒子。」(太五9) 耶穌這兩句話是這本書的基礎，它們放諸四海而皆準，但在一個每天忙於製造更多核彈頭的社會裏，以及在一個人們動輒用上它們的時代裏，它們卻成為今天基督徒生命的重要字句。

在這本書中，我嘗試為和平使者建構一套屬靈觀，從我們愈來愈清楚和平是當前重要議題的視域裏，嘗試注目我們在耶穌基督的靈裏過活的召命。打從十二門徒向世人傳講耶穌福音開始，禱告、抵抗與羣體便被認定為基督徒生命不可或缺的元素。然而，當我們在這個飽受末日威脅的時代裏審視它們時，它們卻得著一個從未有過的意義。在我們的核武困局中，禱告意味著最終的存在，抵抗意味著對這個置人於死地的世界說一句徹底的「不」，而羣體則意味著開始一個靈性之家，這個家不會被巡航導彈或三叉戟核潛艇所摧毀。今天，在基督的靈裏生活，意味著選擇一種處世方式，決不頌揚毀滅的各種勢力，這表示我們絕不妥協，堅拒那些試圖把我們的星球推向被遺忘邊緣的勢力，完全歸屬那位曾被釘在十字架上，卻又復活了的上主。

完全地歸屬基督不等於逃離這個世界，然而，在這個世界中惟一的生存之道便是作個和平使者，這便是本書的重要主旨。只有單單歸屬基督，即是說，只有作為耶穌的兄弟姊妹和天父的兒女，我們才能真正抵抗邪惡那極具破懷性的力量，在這個世界中攜手合作，逃過集體自殺這一劫。假如我們最終能夠避免核武大屠殺，並且帶領人類社會走在裁軍的路途上，這不是因為我們的嚴厲譴責或先發制人的戰術奏效，而是因為我們在上帝的居所中找到自己的位置。只有那些不屬於這個世界的人才能給世界帶來它一直渴望得到的平安，只有那些把生命安放在超越掌管現世的力量和權勢的人才能自由地進入世界，為它帶來和平。

這不是說我們應當鄙棄政治或社會經濟等策略，與此相反，它們可以是立身處世的具體形式。遊說、裁軍運動、反貧窮方案，以及其他的和平行動等，對於一個更美好的世界而言，都是不可或缺的。在耶穌的福音中，從沒有一種不吃人間煙火的靈性生命，只是在這一切的行動中，我們需要順著保羅說話的指引：「無論做甚麼，都要為榮耀上帝而行。」(林前十31) 由始至終的準則是到底我們屬於上帝還是屬於世界，到底我們生活在和平居所中或是與那些密謀發動戰爭的人一同生活，這與「敬虔」只有一點點關係。它要求我們與世界保持距離，要求我們甘願不讓成功、名聲或權力去主導我們的行為。它要求我們單純地委身於和平之主，即使遭逢拒絕、迫害，甚或死亡。因為人類的存亡已經危在旦夕，所以我們再不能以不冷不熱的方式作出回應。耶穌說：「不與我相合的，就是敵我的；不同我收聚的，就是分散的。」(路十一23) 這句說話較以前更具挑戰性。

在這本書中我嘗試給和平使者帶來盼望，而這種盼望卻不是由於我們能夠逃離核武大屠殺。在這些日子中，我們實在少有理由活得樂觀一點，一切牽涉其中的勢力似乎都在決意製造矛盾，任何一個稍有常識的人都知道，只要一個小小的錯誤便會造成無可比擬的大災難。然而，我也曾經嘗試說過，在我們能夠看見核武戰爭的可能性，並且共同攜手阻止這件事情發生的同時，我們也可以深信自己穩妥在永活上帝的恩手中。

我們的盼望有所依歸，我曾用上帝居所的形像去表達這份靈性歸屬感，而這份靈性歸屬感是不會被人類的憤怒和貪婪所摧毀的。當雅各提及我們作為和平使者也能分享得到的那從上而來的智慧時，他也講及同樣的事情。他說：「在何處有嫉妒、分爭，就在何處有擾亂和各樣的壞事。惟獨從上頭來的智慧，先是清潔，後是和平，溫良柔順，滿有憐憫，多結善果，沒有偏見，沒有假冒。並且使人和平的，是用和平所栽種的義〔聖〕[1]果。」(雅三16～18)

聖潔就是與神聖的那一位共同生活的意思，是一切和平使命的果子。和平使者從上帝而來，亦帶著親手所結的果子回歸上帝那裏。他們的家就是上帝的家，他們的智慧就是上帝的智慧，他們的愛就是上帝的愛。他們在主耶穌基督裏，又透過主耶穌基督尋找到這個家園、這份智慧和愛。耶穌從上帝那兒來到這個世界，為這個世界帶來平安，又領著所有與祂結成兄弟姊妹的人回歸到上帝那裏去。我們所尋找到的平安是屬於上帝的，基督就是第一位和平使者，因祂給世人開啟了上帝家門，從而更新了整個舊有的創造。因著祂的名，我們被差派到這個世界來成為和平使者，這便是保羅在講及復和時所要表達的意思：「若有人在基督裏，他就是新造的人，舊事已過，都變成新的了。一切都是出於上帝；祂藉著基督使我們與他和好，又將勸人與祂和好的職分賜給我們。這就是上帝在基督裏，叫世人與自己和好，不將他們的過犯歸到他們身上，並且將這和好的道理託付了我們。所以，我們作基督的使者，就好像上帝藉我們勸你們一般。我們替基督求你們與上帝和好。」(林後五17～20)

「與上帝和好」就是「活出平安」的意思，這份復和與平安是上帝在耶穌基督裏給予世人的禮物，沒有人可以將其破壞。沒有任何一個國家、沒有任何一支軍隊、沒有任何一位總統，可以從我們身上奪走這份屬天的平安，而這種確信幫助我們勇敢地以全副心智及屬靈力量去抵抗死亡的權勢，並且以極大的信心宣告：耶和華我們的上帝，就是和平之主。

註釋：

[1] 編按：大部分聖經譯本都是譯作「義果」(fruit of righteousness)，惟獨《耶路撒冷聖經》(*Jerusalem Bible*)則譯作「聖果」(fruit in holiness)。

作　者　簡　介

盧雲(Henri J.M. Nouwen)

原籍荷蘭，著名靈修及牧養神學作家，曾於美國聖母院大學、耶魯大學及哈佛大學之神學院任教多年。一九八五年離開哈佛大學，在法國特魯斯里的「方舟團體」(L'Arche Community) 生活，等候及尋索未來的「召命」。終於受「方舟團體」在加拿大多倫多市以北的「黎明之家」(Daybreak) 邀請，自一九八六年起為其牧者，服事家中的弱智人士及職員，直至一九九六年九月安息主懷止。其作品包括《羅馬城的小丑戲》、《心應心》、《始於寧謐處》、《念》、《親愛主，牽我手》、《奉耶穌的名》、《與祢同行》、《鏡外》、《新造的人》、《生命中的耶穌》、《愛中契合》、《黎明路上》、《建立生命的職事》、《負傷的治療者》、《亞當》、《活出有愛的生命》、《盧雲眼中的梅頓》、《和平路上》及《安息日誌》等。

讀者意見表

緊扣時代　服事教會

以文字傳揚基督真道

衷心多謝你購買本社書籍。本社一直致力以出版事工服事教會，幫助信徒扎根於神的話語，促進靈命增長。為使我們的出版更能滿足你的需要，請填寫下列各項資料，並寄回或傳真予本社。

所購書籍：＿＿＿＿＿＿＿＿＿＿＿＿＿＿

本書最吸引你的地方：
□作者　□適切性　□文筆　□設計　□實用性
□其他：＿＿＿＿＿＿＿＿＿＿＿＿＿＿

購買本書地點：
□基道書樓　□基督教書店　□非基督教書店

性別：□男　□女　職業：＿＿＿＿＿＿＿＿

信仰：□基督徒　□非基督徒

年齡：□ 16 歲或以下　□ 17～25 歲　□ 26～35 歲
□ 36～55 歲　□ 56 歲或以上

學歷：□中三或以下　□中五　□預科
□大學　□研究院

□我欲更多了解基道出版社的事工及考慮支持，請寄給我下列資料：
□機構簡介　□新書資料　□基道會員通訊
□《基道文字事工通訊》

姓名：＿＿＿＿＿＿＿＿＿＿電話：＿＿＿＿＿＿＿＿

地址：＿＿＿＿＿＿＿＿＿＿＿＿＿＿＿＿＿＿

＿＿＿＿＿＿＿＿＿＿＿＿＿＿＿＿＿＿＿＿＿

傳真：＿＿＿＿＿＿＿＿　電子郵件：＿＿＿＿＿＿＿＿

其他意見：＿＿＿＿＿＿＿＿＿＿＿＿＿＿＿＿

＿＿＿＿＿＿＿＿＿＿＿＿＿＿＿＿＿＿＿＿＿

多謝賜教！

意見表可以傳真（2687-0281）或直接郵寄以下地址：
香港沙田火炭坳背灣街26號富騰工業中心1011室
基道出版社編輯部收